シニア世代の学びと社会

大学がしかける知の循環

牧野篤

勁草書房

はじめに　シニア世代の学びと大学の役割

いま、この原稿を市内のある喫茶店で書いている。ふと思い立って、ここに来てみた。午前一〇時。案の定、ほぼ満席。そして、私がここに来ればきっと会えると思っていた人々もたくさんいる。この時間帯では、数年前までは客層はほとんど固定していた。私のようなどこでも書斎になるような職業の人間を除いては、夫と子どもを送り出し、ちょっと一息ついた後、友だちや仲間とまちへ繰り出そうとしている女性たちか、商談のために立ち寄ったスーツ姿の二、三人連れの男性か、だ。しかしいまや、その光景は一変している。いま、私のまわりでタバコをくゆらせ、眉間にしわを寄せて、難しい顔で新聞を読んでいる少なくない人々は、皆、一人だ。年齢は、四〇～五〇歳代か、または一見してわかる高齢者。そして皆、男性だ。もちろん、元気な女性たちのグループもいるし、商談風のスーツ姿の男性たちもいる。しかし、大声で笑い転げる女性グループの隙間を埋めるように、ひっそりと、そして空の座席を友に、しかめっ面をしながらタバコを吸い、コーヒーをすすっている中高年男性の多いこと。

彼らの生気のなさは、どうだろう。それがまた、周囲の元気な女性たちとのコントラストをいやが上にも際だたせている。なぜ、こんなところに。寂しいのだろうか。居場所がないのだろうか。いろいろな思いが頭をよぎる。

年間自殺者数は、一九九八年以来、三万人を超える高原状態が続いている。九七年以前と較べると年間約八五〇〇名の急増だという。その多くが、四〇、五〇代の男性で、リストラ自殺と呼ばれる。そして、近年では三〇代と高齢者の自殺者数の急増がマスコミを賑わせている。年間の自殺者数は、人口比にして、一〇万人あたり約二五名、一日九〇名、一時間あたり四名だ。

食うに困っての自殺なのか。違う。職を失うことで社会的に排除されたことによる自殺なのだ。職を失うことで、自分の社会的存在の意味、人生の意味、しかも将来に向かっての意味ではなく、これまで生きてきた自分のすべての価値につながる、生きる意味を喪失したことによるものだ。それはまた、私の世代と重なる。

偏差値世代・新人類と呼ばれたのも、すでに三〇年近く前の話だ。詰め込み教育をまともに受け、厳しい進学競争の末にかちとった安定した職、終身雇用・年功序列が当たり前だった。そして、中間管理職に手が届く頃に、大規模合併・リストラの嵐が彼らを襲った。家庭も顧みず、あくせく働き続けてきたのに、その結果が、お前は無用だとの宣告。一九九八年は大企業のリストラ旋風が吹き荒れ始めた年だ。

そして、この社会は、元気なシニア世代の人々の行き場所をも奪ってしまった。従来なら、大企業を定年退職した人々は、年金をもらえる六五歳くらいまでは系列の下請け企業などに再就職して、元気に活躍できたはずだった。しかし、若年者の就労が困難となったのと同じく、定年退職者の再雇用の道も塞がれることになった。

いまや、喫茶店は、企業社会が吐き出した、使い捨てにされた男たちの吹き溜まりの感すらある。新卒無業者二割超。中高年男性の状況は、若者の状況とも重なり合う。データは少し古いが、就職氷河期のまっただ中だった二〇〇三年度、ある旧帝国大学系国立大学の就職率は三七パーセントを記録した。内定率九九・八パーセントという人をあざむく値と較べて、何と惨めな数字だろう。残りの六三パーセントのうち半数は大学院へ進学。いまや、大学院も無業者収容所と化しつつある。「どこにも行くところがないから、大学院にでも進学します」と口にする学生もいて、教える側としては内心穏やかな気持ちではいられない。モラトリアムは、さらに延びる。そして、残りの者のうち約半数がフリーター、半数が無業者である。

就職組も、決して勝ち組ではない。第一志望先に決まった者はほんの一握りでしかなく、落としに落としてやっと決まっていくような就職。「先生、やっと決まりました。他に行くところがないので、仕方なく、就職します」の報告が痛々しい。彼らは数ヵ月ももつまい。ここ数年の経験的知見だ。

しかも、二〇〇八年、アメリカのサブプライム問題に端を発した世界同時不況で、一時期上向いたかのように見える学生たちの就職状況は、再びどん底へとつるべ落としのように落ち込んでいる。

その上、派遣切りなど、人をモノとして扱うような企業のやりたい放題の人事行動は、この社会のセーフティネットの脆さを暴き出してしまった。実際、派遣労働者は人事部の管轄ではなく、調達部などの管轄にしている企業が多く、賃金も人件費ではなく物件費として処理されている場合がほとんどなのだ。

こんな中で、学生たちは人生に対して真摯に向き合わなくなっている。消去法の人生、消極的・受動的選択、それは一方で安定志向へと彼らを向かわせ、他方で刹那主義へと彼らを誘う。そして、先行き不安と出口のない閉塞感が彼らを襲う。ブレークスルーの見えない生活。ゆううつな日常が永遠に続くかのような抑圧感。それに苛立ち、自分の境遇の責任を誰かに転嫁したくなる。自分の力ではどうしようもない社会、自分のものとは思えない人生。ここに、ハルマゲドン待望論・祝祭待望論つまり戦争待望論・大震災待望論が生まれる素地が作られる。

失われた一〇年とも一五年ともいわれる長期不況の時期でも、GDPの連続成長がいざなぎ景気を超え、戦後最長を記録し続けていたという。しかし、景気の回復と雇用の回復とは連動していないことなど、誰もがすでに知っていることだ。しかも、GDPの成長を支えているのは、いまや大企業の設備投資とリストラによる減量、つまり生産性の向上と労働強化による人員削減によるものに他ならない。その証拠に、企業数で一割、従業員数で二割を占めているにすぎない大企業が、昨今の日本の富の六割を作り出している計算になるという。従来なら、大企業の生産高は三割に過ぎず、残りの七割は中小企業つまり私たちの生活を支えている地場産業が作り出したものだった。大企業の立ち直りは、すぐに系列の中小企業へと波及し、日本全体の雇用の回復へと向かっていった。しかし、もはやこの連動の鎖は切れてしまっている。中小企業が地場から消えてしまっていたり、系列が壊されてしまっていて、生産基地は海外に移転しているのだ。他方、世界同時不況に陥った二〇〇八年、日本企業の役員報酬は一〇年前の約二倍、企業の内部留保は過去最高となったといわれる。それに対して、従業員の給与の伸びは、ここ一〇年で一〇パーセント未満である。雇用なき景気回復、貧富の格差の拡大、否、むしろ多くの人々の「貧困」化、これが構造改革の本質的現象なのだ。いまや、賃金労働者のうち非正規雇用者は三割、一七〇〇万人を超え、そのうちの七〇パーセント以上の人々が年収二〇〇万円以下のワーキングプアなのだといわれる。

教育は子どもたちに、自分の人生の主人公になることを教えてきたはずだった。しかし、ここに来て、子どもたちは人生にとってもっとも基本的な職業を得るということが自分の力ではどうにもならないことを、経験的に知ってしまっている。「勉強して何になる。リストラが待ってるぜ」とは、今は高校生の私の子どもが小学校四年の時に叫んでいた言葉だ。教育はすでに無力化している。大学の機能も変わりつつある。レジャーランド、モラトリアムと揶揄されたのも今は昔、今や就職のための支援機関化しつつある。

しかし、私たちは単に学生を就職させることのみを目標にすることはできない。これまで国民の附託に応えて進めてきた研究の成果を、彼らに伝えることで社会に還元し、生活の新たなあり方の構築に向けて、彼らが本当の意味で自分の人生の主人公になり、自分の力で自分の人生を切りひらき、新しい幸せを築いていく、そのための支援を進める必要がある。知を生きる力へと変えること。これこそが、知的共同体としての大学が行なうべき研究と教育という実践の一つの役割ではないのか。それは、単に若い学生たちに限られたものではない。大学は、むしろ、中高年者が第二の人生を豊かに歩んでいくためにこそ、その知的資源を開放し、社会に還元することを求められている。そしてさらに、若い世代と先に歩んだ世代とをつなぐ役割を、大学はその新しい存在理由として獲得することを求められているのではないだろうか。

大学はどうしたらこのような役割を担うことができるのだろうか。国立大学の法人化以降、筆者の在籍する国立大学には、より直接的に社会に貢献し、市民からその貢献度についての評価を受けることが、社会的に求められるようになった。その方向性は間違ってはいないと思う。しかし、それは、ややもすれば、即効性や実用性を性急に求め、また市民の個別の欲求に応えられたかどうかが評価の基準となってしまい、それに応えられない大学を非難することになりかねないとも危惧している。本来、大学とくに研究系大学には、学問研究の論理に基づく知の社会還元のあり方があったはずであり、その知的な探求を推し進めることで、知的資源を社会へと還元することが求められてきたのではなかったか。それは、即効性や実用性からは一見遠いところにあるもの、むしろそれらとは対極にあるもの、すぐに役立たないと思われるものかも知れない。しかし、その知の探求は、本来、人々が個別に抱える諸課題を、学問研究のもつ抽象度の高みから俯瞰することで、それらの課題に原理的にアプローチし、課題の根源において新しい生活を生み出す力を探り出そうとする実践なのである。

大学の知的探求の活動をどのように社会実践として展開するのか。この課題を考えるにあたって、以下、筆者の研究室と社会的な様々なアクターとが共同で行なってきた知の社会還元の実践を紹介し、そこから得られる知見を検討したいと思う。これらの実践は、昨今の日本社会の変動を受けて、主な対象者を中高年者におき、彼らの豊かな生活づくりを支援し、ひいては彼らが社会で生き生きと活動することで新たな社会をつくりだすきっかけを生み出すことを目的としている。本書では、とくに高齢者を中心として、私たちが働きかけの対象としてきた中高年者をシニア世代と呼んでいる。それは、本論で紹介する取り組みがシニア・プロジェクトと命名されているからであるが、しかし、それだけではない。むしろ、高齢者という用語の持つ消極的な意味あいを避け、高齢者がこれまで生きてきた軌跡を肯定し、彼らはその人生において様々な経験を積み、自分を磨いてきた、すてきな人たちなのだという価値を積極的に広めたいという願いが、そこには込められている。

本書ではまず、第一章で、シニア世代がいかなる価値観や意識の志向性を持っているのかを明らかにする。そこでは、とくに「つながり」をキーワードとして、自分が社会的にも世代的にもさまざまな人に支えられて存在していることを確かめ、それを喜びとしながら、恩返しをしたいと考えているシニア世代の価値観がとらえられる。「つながり」とは、自分が家族や地域の友人・知人、さらには人様とさまざまに結びついているという関係性の感覚である。第二章では、シニア世代の学びの場である、いわゆる高齢者大学がどのように生まれ、発展・展開し、現在どのような課題を抱えているのかを概観する。そこではとくに、教育と福祉のはざまにおかれていたために位置づけが曖昧であった高齢者大学が、その位置づけにあるからこそ、高齢社会において積極的な役割を果たし得ることが示唆される。第一章、第二章を通して、今日の高齢社会が抱えているシニア世代の学びに関する諸課題がとらえられる。次に第三章では、若年者とシニア世代をつなぐものとしてのキャリアを取り上げる。そこではキャリアを、自分の存在を社会にひらき、活かしていく、「働く」ということそのものであるととらえる。そうすることで、キャリア教育が単に若い人々の職業能力を高めるためのものではなく、むしろ、シニア世代に対してこそ重い意味をもつものであること、だからこそ、若い人々にもその生き方を問うものとしてあるという観点を導く。そして、第四章では、大学と企業・行政との共同による知の社会還元によってもたらされる市民受講者の意識の変化をとらえようと試みる。そこでは、学びを通して、自分を社会にひらきつつ、社会から自分を認識し、変化していく自分に気づいてわくわくしている受講者の姿がとらえられる。大学での学びを通して、学びへの欲望を駆動されている自分を他者とのかかわりの中で認識しているのである。最後に第五章で、改めてシニア世代の学びの実践を概観し、シニア世代を基本とした市民の学びが、いかなるものであるのか、大学はその学びにおいて何ができるのかを考察する。

本書を通して得られるのは、大学は知的資源を社会的に還元するだけでなく、知の社会循環をしかけることで、その循環を担う人と人との関係が、新しい社会のインフラストラクチャーとなっていくという知見である。つまり、シニアの学びは社会をつくることへと向かう、ということである。

そして、この知見が、先述のような否定的状況を呈している今日の社会において、シニア世代を含めた人々が、能動的アクターとして、改めて生活をつくりあげていくことに役立つのであれば、と思う。

シニア世代の学びと社会／目次

——大学がしかける知の循環

目　次

第一章　感謝から好奇心そして自己の尊厳へ
――シニア世代の価値観と生き方

一　シニア世代の価値観をとらえることの意義

（一）少子高齢化の要因と背景

日本の高齢化率（総人口に占める六五歳以上の人の割合）は、二〇〇八年に二二・一パーセントに達した。日本が、高齢化率が七パーセントを超える高齢化社会に入ったのは、三八年前の一九七〇年である。その頃、日本社会は高度経済成長を謳歌しており、この年は日本が経済復興と高度成長を成し遂げ、先進国の仲間入りを宣言した大阪万博が開かれた年である。その後も、日本は拡大基調の経済を維持し、八〇年代後半、バブル景気に浮かれ、九〇年にはバブルがはじけて現在につながる長期の平成大不況へと突入する。この拡大基調の経済の裏で、高齢化は着実に進んでいた。不況に沈んでいた九四年には、高齢化率は一四パーセントを超え、日本は高齢社会へと足を進め、そして、二〇〇七年、高齢化率が二一・五パーセントとなり、超高齢社会に入っている。

この急激な高齢化は、実は戦後経済復興期に採用された家族計画と、妊娠中絶手続きの簡素化を基本とする出産抑制策によってもたらされた少子化が招いたといえる性格を強くもっている。日本では、図1－1に示されるように、団塊の世代が生まれてから、出生数・合計特殊出生率ともに急激な下降を示しているが、それは避妊による妊娠率の低下とともに、人工妊娠中絶の急激な増加と表裏一体となっている。日本では、敗戦後の人口過剰に対処するため、一九四八年に優生保護法を制定して、人工妊娠中絶を合法化したが、その翌年、中絶を認める理由に「経済的理由」を加え、さらに五二年には優生保護法を一部改定して、中絶の手続きを簡素化した。つまり、優生保護法指定医の判断と本人・配偶者の同意だけで中絶を可能としたのであり、さらに優生手術の枠を遺伝性ではない精神病にも拡大したのである(1)。その結果、経済的理由によって母体が子どもを十分に育むことができないと判断された場合には、本人と配偶者の同意の下、医師の判断で堕胎が合法的に認められることになった。その後、一九五三年以降、妊娠中絶件数が急増し、六一年まで、適法とされる中絶件数が一〇〇万件を超える年が続くこととなった。

図1－2は出生者数を一〇〇とした場合の妊娠中絶件数の指数を示すものである。一九五五年に六七・六、五七年には七〇を超え、六〇年には六六・二を、さらに「ひのえうま」の六六年にも五九・四を示している。一九五五年の人工妊娠中絶指数から見れば、もしも、五五年に受胎した子ど

〈図1-1〉　合計特殊出生率と出生数の推移（1947-2006年）

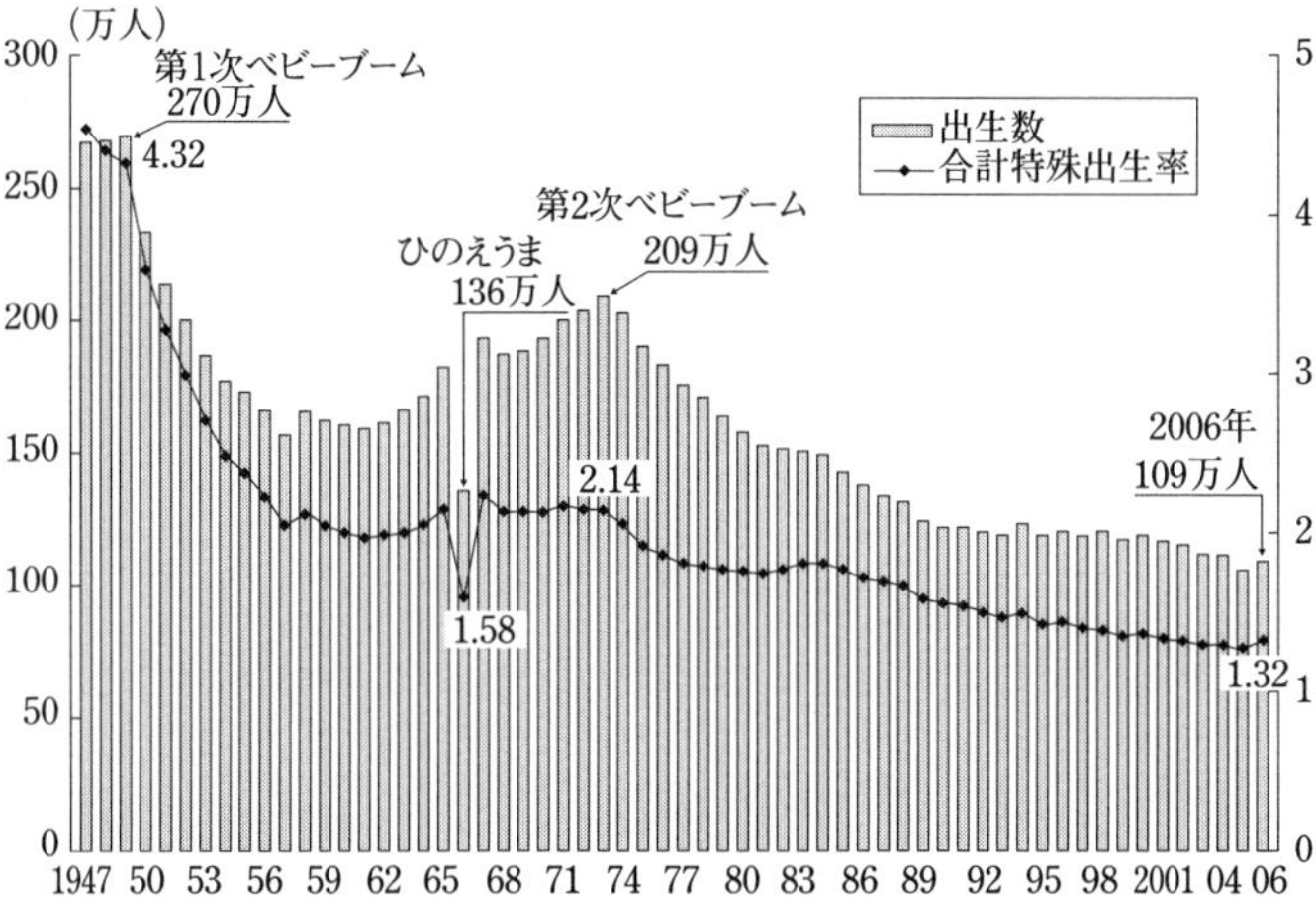

（人口動態統計http://www.ipss.go.jp/syoushika/seisaku/images/03.gif）

〈図1-2〉　人工妊娠中絶指数の推移

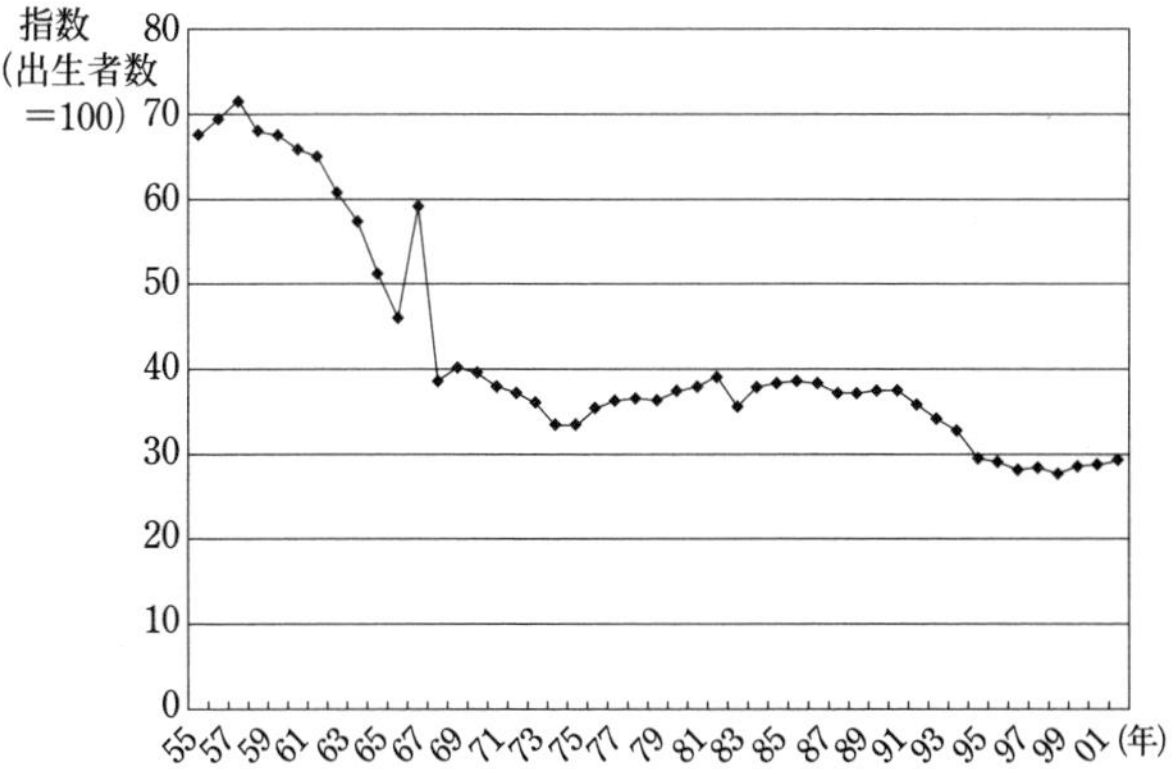

（母体保護統計報告平成13年度より作成）

もが中絶されず生まれていたとしたら、二七〇万人ほどの子どもが生まれていたことになる。この意味では、民衆は国の人口抑制政策にのって、子どもの出生数を、避妊と中絶によって調整つまり減少させてきたといえる。そして、この時期の急激な少子化が、二〇〇五年に日本が人口減少社会へと転ずる大きな背景となったと考えられる。

しかし、少子高齢化を招いた背景に目を転じてみると、日本社会は決して好ましくない社会などではないことは一目瞭然である。たとえば、今日の世界で人口爆発が起きている地域はいわゆる貧困地帯であり、それは「貧困なのに多産」なのではなく、「貧困だからこそ多産」であるという社会のあり方を示している。つまり、社会が構造的に貧困であるがために、栄養・衛生・医療の状態、また母親を中心とする保護者の教育条件、そして治安が悪く、子どもたちの多死を招いている。そのため、親世代の出産行動としては多産となり、その結果、人口の急増が招かれてしまい、さらに貧困状況を深刻化させる。そして、それが再び多産を促すという「負の循環」ができあがってしまうのである。これに対して、日本が急速な少子化を呈しているということは、日本社会が安全で、栄養状態も衛生状態もよく、医療水準も教育水準も高い、豊かな社会であるということであり、それがまた人々の平均余命をのばすことにもなって、急速な高齢化をも招いているということである。

日本の乳児死亡率が先進国の中でも極めて低いこと（図1－3）、そして乳幼児死亡率の急激な低下と合計特殊出生率の急減、出生者数の減少が相関関係にあることは明らかであるといってよい。しかも、乳幼児死亡率と合計特殊出生率が極めて低くなった頃から急激な高齢化が進展しているの

〈図1-3〉　乳児死亡率先進各国比較（1998年）

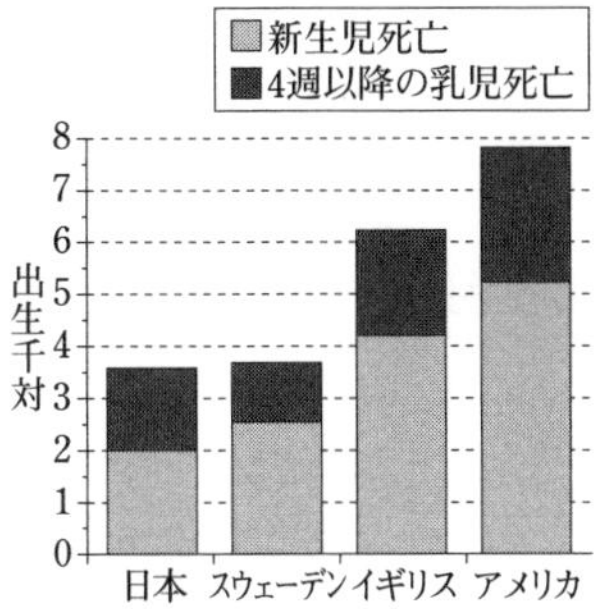

（厚生労働省資料より作成）

〈図1-4〉　日本の乳児死亡率推移

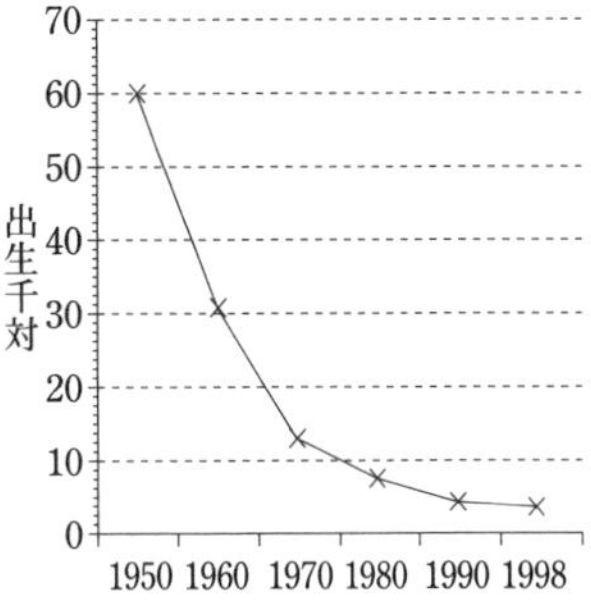

（厚生労働省資料より作成）

である（図１－４、図１－５）。

この意味では、日本の社会は、子どもが死ににくく、生まれた子どもは成人することがほとんど疑いのない社会であり、かつ人々の平均余命が八〇歳と極めて高い社会、つまり、それほどまでに、安全で、豊かな社会なのだといえる。

（二）高齢社会の課題と高齢者の価値観を見る意義

日本の社会では、高度経済成長を謳歌していた一九七〇年代に、すでに一九五〇年代の急激な少子化を背景にもつ高齢化が密やかに進行していたのである。日本は、一九九〇年以降不況にあえぎ、かつ少子高齢化の急速な進展におののき、そして、二〇〇五年からは人口規模が縮小する中で、超高齢社会にむけて歩みを進めている。高齢化の足音が聞こえていた一九七〇年に、それには気づかないふりをして、経済発展を謳歌した大阪万博が開催されたのとは対照的に、人口が減り始め、超高齢社会

〈図1-5〉　日本の高齢化率と総人口推移

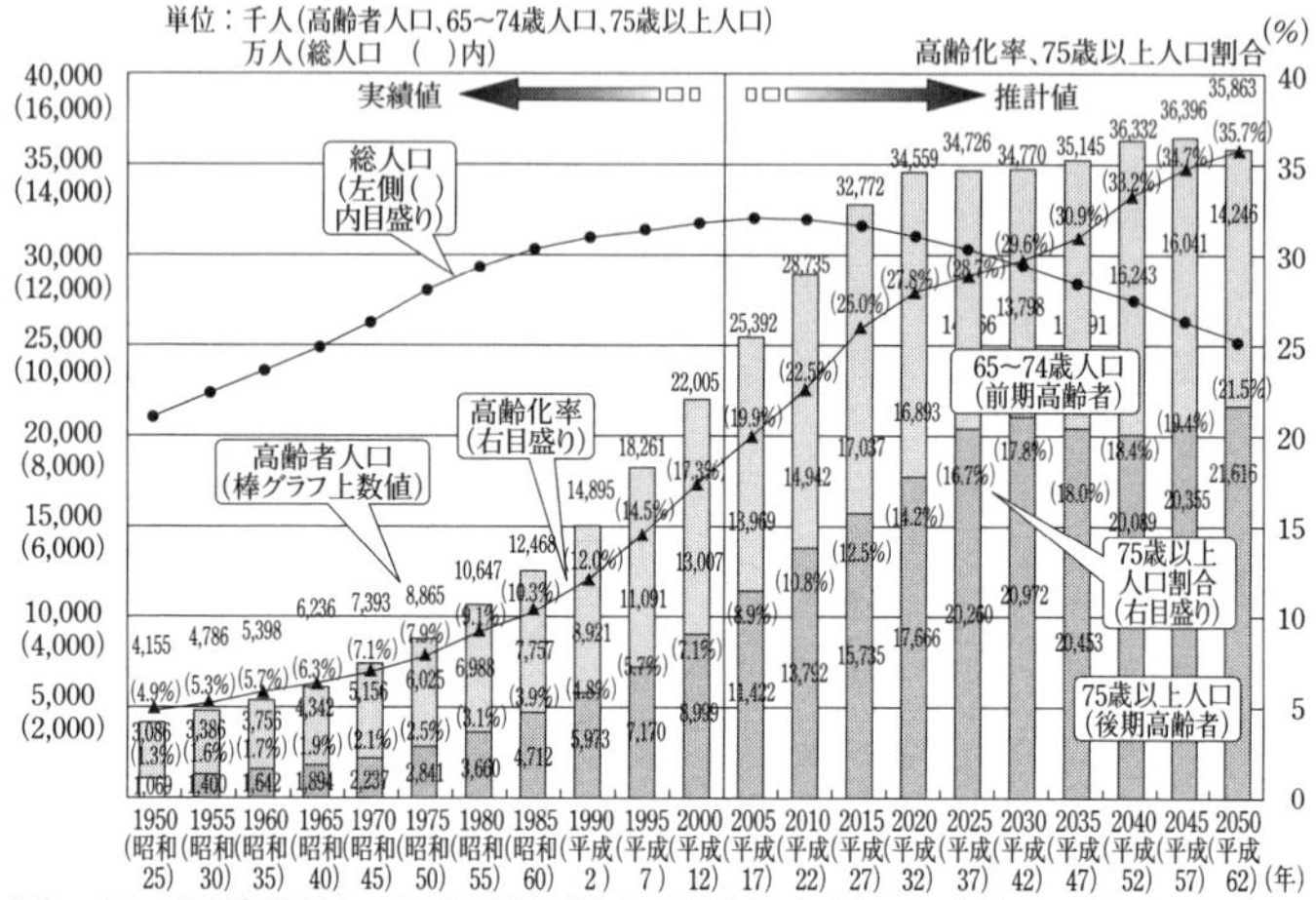

資料:2000年までは総務省「国勢調査」、2005年以降は国立社会保障・人口問題研究所「日本の将来推計人口(平成14年1月推計)」
(注)1955年の沖縄は70歳以上人口23,328人を前後の年次の70歳以上人口に占める75歳以上人口の割合を元に70～74歳と75歳以上人口に按分した。

(『高齢社会白書』平成15年版、図1-1-2)

入りが確実となった二〇〇五年に、「自然の叡智」をテーマとする、拡大を志向しない、持続的な経済のあり方を模索しようとした愛知万博が開かれたのは、皮肉めいた偶然の符合であるというほかはない。

その上、二〇〇五年頃からは、戦後のベビーブーム世代、いわゆる団塊の世代が大量に退職して家庭や地域社会に還ってくる、「二〇〇七年問題」がとりざたされることとなった。団塊の世代の大量退職は、彼らをターゲットとしようとする消費社会を浮き足立たせる一方で、政府からは社会保障の機能不全を基本とする社会的な負担増の懸念が喧伝され、経済界は、若年労働力の供給不足と高賃金体質による負担増にともなう経済的な失速の危機を煽り立てている。その結果、長期の不況と相まって、巷間には悲観論が充満することとなった。

これらの社会的な悲観論を引き受け、団塊の世代を中心とした高齢者の受け皿づくりに翻弄されているのが基礎自治体である。しかも、少子高齢化・人口減少とグローバル化の時代にあって、福祉による財政出動が経済発展に対して有効に機能しなくなる事態が招来されたこと、および国・地方の借金が一〇〇〇兆円を超える事態が招かれた（二〇〇五年度）ことによって、政府主導の構造改革が進められた。その結果、基礎自治体は平成の大合併に見られるような再編を余儀なくされるとともに、地方交付税・補助金の削減など、従来の利益誘導型の政治から、いわゆる「不利益分配」型の政治への転換に直面し、自立を迫られている。このような状況下で、高齢者を引き受けることは、従来型の福祉サービスを基本とした自治体行政に頼ることは困難であり、むしろ、高齢者の自立を促し、社会への負荷を軽減しつつ、彼らとの共生を図ろうとする施策へと行政サービスを転換する必要性を自治体に意識させることとなる。

このような社会的な構造の変化は、基礎自治体が生涯学習を重視する施策を導くこととなった。つまり、高齢者の自立と生きがいづくり、さらには健康増進を進め、高齢者自身がいきいきと第二の人生を謳歌できるように支援するとともに、社会の負担を軽減し、彼らを社会的な資源として活用することで、新たな多世代共生の地域コミュニティを形成しようとする施策が求められることとなったのである。従来の教育行政の枠組みを超えて、首長部局において、少子高齢化に対応する総合行政としての生涯学習に取り組む必要に、各自治体は直面することとなるのである。

このような基礎自治体における総合行政としての生涯学習施策には、従来の利益誘導型の行政サービスを採用することには無理がある。高齢者施策としての生涯学習施策は、単に高齢者への行政サービスという性格をもつにとどまらない。すなわち、高齢者をめぐる社会保障、高齢者を消費ターゲットとする地域経済、さらには高齢者との共生を図ろうとする地域コミュニティ、そして高齢者自身の生きがいづくり・健康増進にかかわる多様な社会的アクターとの関係を調整し、連携を深める必要がある。その上、高齢者自身の様々なニーズやデマンドに応えるサービスの提供主体の構築など、従来にない新たな領域の様々な担い手を育成していくことが必要なのである。いわば、高齢者施策を基本とする地域の総合行政を行政施策として行なうとともに、高齢者施策を軸として、地域社会に生きる人々や団体・機関そして企業を巻き込んだ、総合的なコミュニティの構築を構想しつつ、各担い手を相互に結びつけ、またコーディネートしていく力を自治体行政がつけることが求められることになるのである。自治体とともに、企業など地域経済を支えるアクター、そしてNPOやNGOなど新たな公共的な市民団体、さらには大学などの研究・教育機関が連携し、高齢者を地域社会の重要な担い手として位置づけることを基調とする、新たな地域コミュニティの構築を進めることが求められているといってよい。

筆者は、このような社会の変化を背景として、過去一〇年間ほど、自治体、NPO、そして地域の経済団体、さらには地域経済を支える企業などと連携しつつ、高齢者を地域社会に受け入れ、かつ彼らを社会の能動的なアクターとしてとらえ、彼らの社会参加を促すとともに、彼らがいきいきと生活できる地域社会をつくり出すために、さまざまな実験的な事業を行なってきた。これらの事業では、既述のように高齢者をシニア世代と呼んでいる。今後、私たちが直面している高齢社会の課題を考えるためには、シニア世代がどのような価値観を持ち、どのように自己を認識し、どのような人生を送ることを希望しているのかをさぐり、それを具体的な施策へと練り上げることが求められる。

以下、筆者が行なった二度にわたるシニア世代の意識調査の結果をもとに、彼らの価値観と生き方にかかわる意識を分析して、高齢社会における新たな地域コミュニティ構築のあり方を検討する。

二　尊厳・生きがい、そして社会貢献
――シニア世代の関心事と価値意識（二〇〇一年のアンケート調査より）

(一)　シニア世代の意識の基本的状況

前記の課題を考えるにあたり、筆者の研究室と民間企業との共同研究スキームで行なわれている、シニア世代の新たな人生を支援するシニア・プロジェクトにおいてとらえられたシニア世代の意識を紹介したい。このプロジェクトは、主に企業を退職した男性をターゲットに、彼らがそれまで生きてきた過程を肯定し、プライドをもちつつ、第二の人生へと足を踏み出すのを支援することを基

本的な目的として、従来型の開発モデルではなく、人の循環を作り出すことで、前述のような少子高齢・人口減少社会という未曾有の社会状況に直面する社会のあり方を、人々の生活が質的に豊かになる方向へと切り替えることを目指して行なわれているものである。定年退職した男性を主なターゲットにしたのは、以下の理由による。第一に、このプロジェクトの企画が検討されていた二〇〇〇年前後、介護保険の実施にともなって、要介護のシニア層に対する社会的関心が高まってはいたが、社会の構造改革によって行き場所を失った定年退職者に対する施策は十分ではなく、企業社会がもたらした新たな課題として、男性シニアの第二の人生を応援することが、新しいコミュニティの形成にとって、不可欠だと判断されたこと。第二に、対象となるシニア世代の女性たちは、主婦でありながら、趣味や地域活動などに活発に活動している事例が多く報告されており、地域社会に居場所をもっているのに対して、企業退職者の男性は、地域社会に還ることが困難であり、彼らの第二の人生を励ますためにも、何らかの働きかけが必要だと思われたこと。第三に、従来の同様の試みにおいて多数を占めていた女性ではなく、男性に比重を置くことによって、来るべき高齢社会における、男女を問わずシニア世代がいきいきと過ごすための新たなコミュニティづくりを目指そうとしたものであること。

このプロジェクトの開始にあたって、筆者たちは、二〇〇一年に、プロジェクト実施地区のシニア世代住民約二万名に対するアンケート調査（有効回答率約三〇パーセント）と一〇〇名に対するインタビュー調査を実施し、シニア世代のもつ意識を探った。その結果は以下の通りである。(2)

回答者の性別構成は、男性五七パーセント、女性四三パーセント、年齢構成は六〇～六四歳が二五パーセント、六五～六九歳が二七パーセント、七〇～七四歳が二四パーセント、七五歳以上が二四パーセントであった。本プロジェクトがターゲットにしている対象者の多くが回答しており、また年齢構成としても、各年齢層ほぼ同じ割合でまんべんなく意識を聴取することができたと思われる。

このアンケート調査からは、シニア世代は、予備調査として行なったインタビューにおいて大まかにとらえられていた「健康」「趣味」「家族」「仕事」「社会貢献」（「ボランティア」）に対する関心が高いという結果が得られた。以下、シニア世代の関心事と意識を概観しておく。

1　「健康」に関する意識の全般的傾向

図1－6に示されるように、シニア世代（このアンケートでは六〇歳以上）は、「健康」に極めて高い関心を抱いていることがわかる。しかも、男女ともに同じ傾向を示している。また、当然のことながら、年齢が上がるにつれ、関心の度合いが強まっている。このことはまた、加齢にともなって、体の不調を感じる人が増える傾向にあることとの相関性がうかがえる。

2　「社会貢献」に関する意識の全般的傾向

本アンケートにおいて、「健康」とならんで高い関心度を獲得したのが、「社会貢献」であった。図1－7は、「社会貢献」に対する関心度を、年齢階層別に示したものである。七五歳以上の人々で年齢的・体力的な制約があるのか、関心の度合いが六七パーセントに低下するが、七〇～七四歳

〈図1-6〉　健康に対する関心

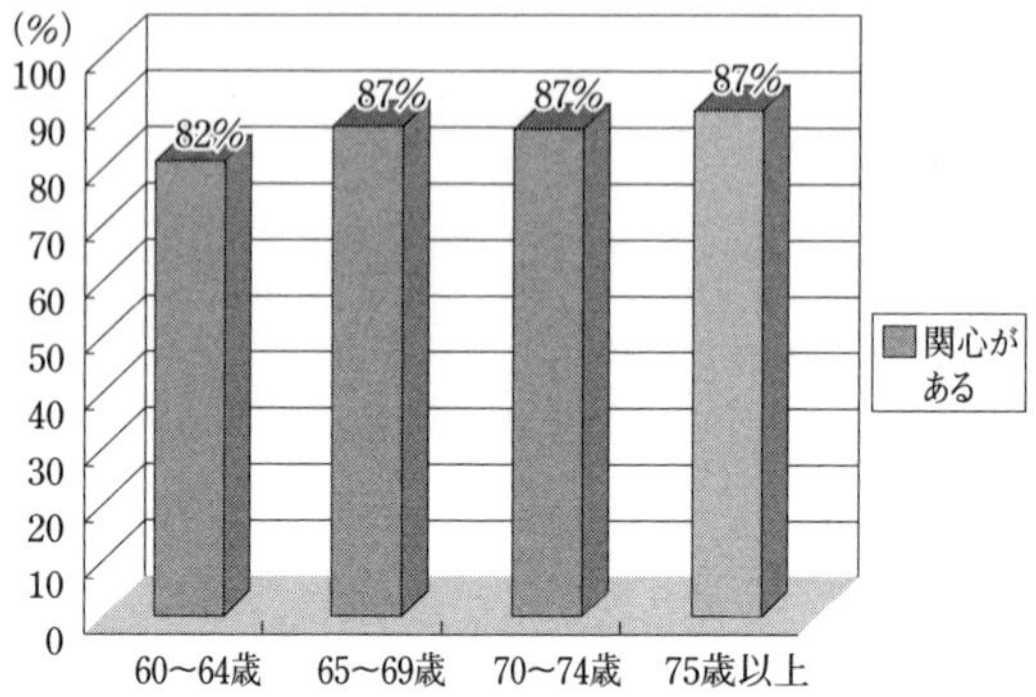

〈図1-7〉　社会貢献に対する関心

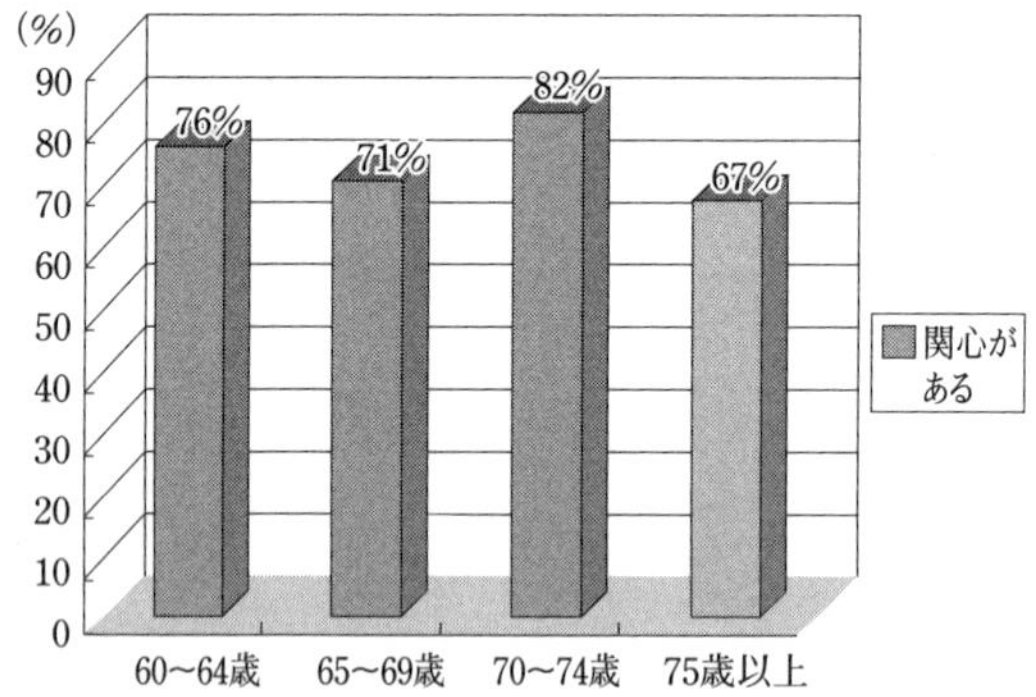

〈図1-8〉　趣味に対する関心

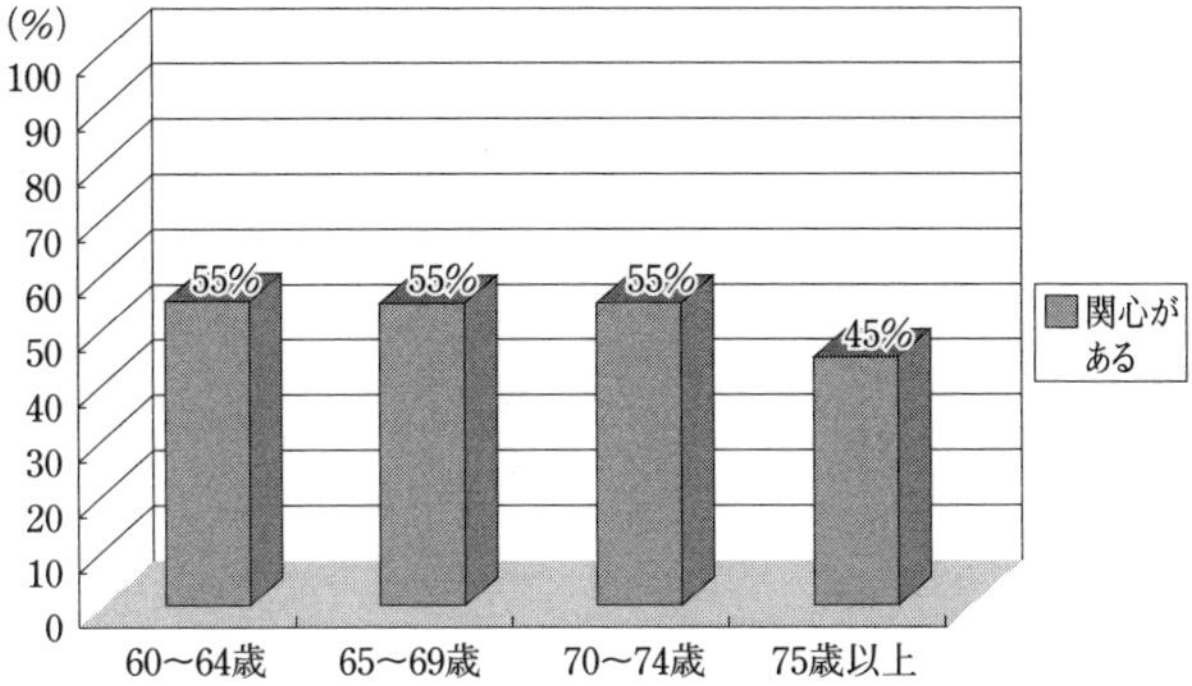

の八二パーセントを筆頭に、極めて高い関心を「社会貢献」に示していることがわかる。この回答内容を年齢別・性別で見ていくと、微妙な違いが見られるが、全般的傾向としては、シニア世代は「社会貢献」に対して、強い関心と社会への参加意欲を示しているものと見てよいと思われる。

3　「趣味」に関する意識の全般的傾向

「社会貢献」に次いで、シニア世代が高い関心を示したのは、「趣味」であった。図1－8は、「趣味」に対する関心度を、年齢階層別に示したものである。「社会貢献」と同様、七五歳以上の年齢階層の人々で、年齢的・肉体的な制約があるのか、関心が低下するが、それ以前の人々においては、すべて五五パーセント以上と、極めて高い関心を示している。

これを男女別に見てみると、次のようなことがいえる。まず、定年直後の六〇～六四歳の年齢層で、男性が女性よりも高いポイントで「趣味」に関心を示しているが、年齢が高まるにつれて、女性の方が高くなる傾向を示している。これは、定年直後の男性が、会社や仕事から解放されて、何か新しいことにチャレンジしようとするという気持ちを強くもっていることの表れであるように思われる。その後、加齢にともない、自分にできること、できないことがはっきりしてきて、自分の思いと現実に折り合いをつけていくのであろうか、関心そのものが伸び悩み、七五歳以上で急激に関心が落ち込むという推移を見せている。女性は、七五歳以前では年齢が高まるにつれて「趣味」に対する関心が強くなる傾向にあるが、その後、七五歳を超えるところで自分のからだと相談し始めるということのようである。

4 「仕事」に関する意識の全般的傾向

シニア世代は「仕事」にも高い関心を抱いている。新たな仕事や分野へのチャレンジということよりは、これまで続けてきた仕事と経験の基礎の上に、その仕事そのものかそれに関連する仕事を続けたいと強く望んでおり、また、肉体的・時間的にも負担の少ないものを続けたいと答えている。さらに、その仕事は、趣味や知識を活かせるものであること、自分の楽しみと実益が一致するようなものでもあること、つまり生きがいとしての仕事を望む傾向も示している。これは、シニア世代の新しい生き方を示していると考えられる。

一方、たとえば、日本生産性本部（現（財）社会経済生産性本部）の調査結果では、新入社員が働く目的で「自分の能力を活かす生き方をしたい」が高いポイントを得ていたり、新入社員の昇進の目標で「専門職（スペシャリスト）」がもっとも高いポイントを得ていたりする。若い世代の会社員が挑戦的な仕事を求めるのは、他者と交換可能な地位・ポストによる自分の担保ではなく、自分にしかできない仕事を社会的に得ることで、自分の存在を確認したい、担保したいという思いからであることがわかっている。つまり仕事は、自分の存在確認・存在欲求にかかわる問題としてとらえられているのである。シニア世代にとっても、仕事は自分の生きがいや過去の経験、すなわち自分が生きてきたことの証を確認し、保存しながら、自分が今生きていることの実感にもとづく、存在欲求を満たすものとしてあるようにも見える。

本アンケートに回答を寄せたシニア世代の人々は、どのように「仕事」をとらえているのであろうか。図1－9は、「仕事」に対する関心度を、年齢階層別に示したものである。ここに見られるように、六〇～六九歳までの人々は、「仕事」にかなり強い関心をもっている。六九歳頃までは「仕事」に強い執着心を抱いているといってよいであろう。四人に一人以上が仕事を続けたいと答えている。その後、七〇歳を越える頃から、「仕事」への執着が弱まり、むしろ、悠々自適な生活へと気持ちが移っていくようである。このことはまた、男性に限っていえば、定年退職後、仕事への執着を違う生き方へと切り替えるのに一〇年の時間が必要となるということであろう。この意味では、六〇～六九歳までの男性の定年後の地域社会や家庭へのソフトランディングへの支援が必要だともいえる。

5　「家族」に対する意識の全般的傾向

総理府の調査によれば、シニア世代は、自分自身では、老後の経済的な不安も少なく、健康にも

〈図1–9〉　仕事に対する関心

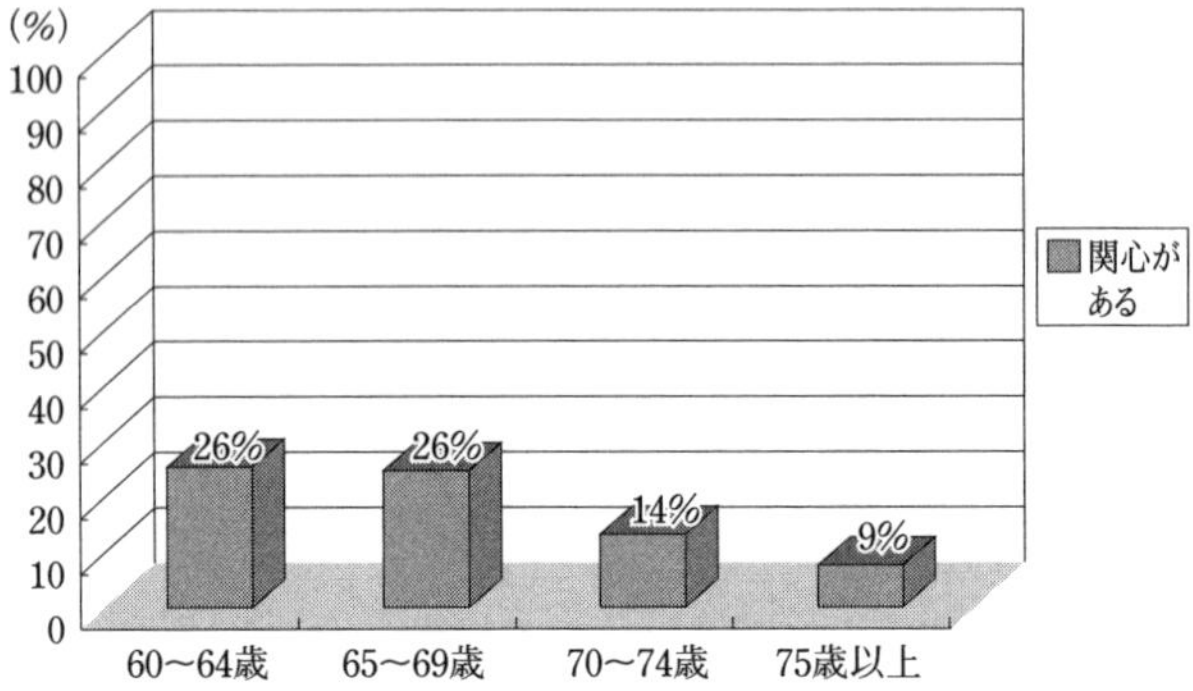

不安はなく、シニアの社会的な役割は自立して生活することだと答えながら、子ども世帯との住まい方については、若干男女差がありながらも、概ね、同居またはいわゆるスープの冷めない距離、つまり近くに住みたいと答えているという結果が出ている。このことはまた、筆者の愛知県刈谷市における調査においても同様の結果が得られている。(3)彼ら自身は、自立志向が強く、しかも客観的な条件としても自立して生活できる条件が整っていないながらも、それだけでは寂しいと感じており、精神的な拠り所として、家族とくに子ども世帯との関係をとらえているものと受け止められた。

では、本アンケートに回答を寄せたシニア世代の「家族」に対する意識の全般的な傾向はどのようなものなのであろうか。図1－10は、「家族」に対する関心度を、年齢階層別に示したものである。見られるように、「家族」に対する関心は、どの年齢層においても概ね四〇パーセントを超えるポイントを得ており、高いといえる。このことは、

〈図1-10〉　家族に対する関心

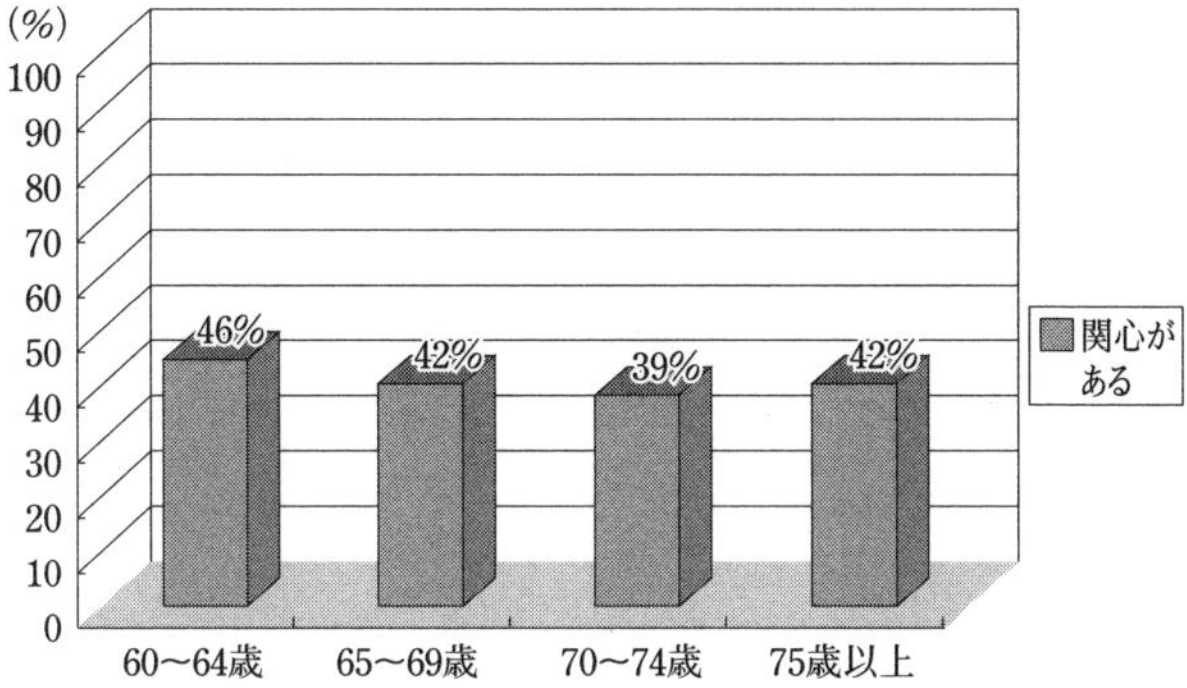

シニア世代にとって、「家族」が自分の存在との関わりで、一つの拠り所になっていることをうかがわせる。なぜなら、後述するように、シニア世代は自らの存在を他者と結びつけることに極めて強い願望を抱いており、その第一義的な対象が家族であると考えられるからである。このことは、たとえば、「健康」に対する意識についても、自由記述で明らかに示されているのは、家族との絆の強さであり、家族の幸せへの思いであって、シニア世代が健康を意識する大きな理由が家族の存在であること、などに示されている。

シニア世代の人々は人生の各方面に対してきわめて強い関心をもちながら、一方で、学び続け、自分の資質や能力を高めようと努め、他方で自分の教養を高め、趣味の上達を願いつつ、愉快に心豊かに人生を過ごしたいと考えている。しかも、それだけでなく、社会のために力を尽くし、地域の人々のために役立ちたいとも考えているのである。

（二）シニア世代の具体的な意識

このようにとらえられるシニア世代の意識であるが、それは具体的にはどのような内容をもつものなのであろうか。以下、アンケートの自由記述欄に記された各方面の意識についての具体的な記述を紹介しながら、シニア世代が具体的にどのような意識をもっているのかを探る(4)。

1　「健康」に関する意識から読みとれること

シニア世代は、「健康」そのものを極めて切実にとらえている。それは、企業や社会・家庭の第一線から退いて、普通の人々の生活へと「還俗」し、第二の人生を豊かに生きるために、切実に求められている。また現在、病気療養中であったり、配偶者が病気であったり、さらに過去に病気をして、健康そのものの尊さ、ありがたさが身にしみてわかったりと、自分の体験・経験から切実に求められるものとしてとらえられている。しかもそれは、自分個人の存在のあり方と重ねられることで、相互に関わりのある二つの意識と結びついていく。

一つは、自分の存在は自分そのものとしてあるのではなく、家族や友人・知人そして社会の中で、生かされて存在し、その生かされて在る「おかげ」に感謝し、それ以上迷惑をかけることを嫌う自分の身の処し方として健康であることを願っていることである。しかも、その意識は、自分も人様のために役に立ちたい、社会に貢献したいという思いや実際の行動につながっている。もう一つは、彼らは、自分の存在を自分自身がとらえ、他者が承認するような、人間としての尊厳を獲得し、保存できるような存在のあり方を求めていることである。その上、彼らは、自分を生かしてくれるもっとも身近な他者である家族の幸せを、自分への認識から導かれるようにして、願っているのである。

彼らは「健康」について、次のように記している。

＊三年前、脳溢血で入院しましたが、今では普通に健康で毎日元気にておいて貰えて、家族楽しく暮らせまして、本当に有難うと感謝致しております。

＊健康でいられることを心から願っています。家族に迷惑をかけないで生きたいと思う。仲のよい家族がいて、いい友だちがいて、自分の好きな趣味がある。とても幸せです。

＊八三才です。皆様に迷惑をかけない様に健康に気をつけている位で何も出来なくて申し訳なく思っています。

＊家庭という私の人生にとって最も重大なことをしっかりと築いて、その後で、人様に迷惑をかけないように生きられて、自分の好きなことをする。これが生きがいを感じることだと思う。

＊いまからだの調子がよくありません。でも、ここまで生きてこられたのは人様のおかげです。このご恩に報いるためにも、ひとり暮らしの老人にボランティアでご飯を届けて、話し相手になっています。とても、喜ばれます。

「健康」という、自分の日々の生活と直結しているがために、誰もが関心を抱かざるを得ないことがらにおいて、自分の存在を他者にひらきつつ、存在欲求を満たすようなあり方を、彼らは求めているのである。それはまた、相互の関心と愛情に支えられる、相互依存と相互扶助の関係、とくに必要なサービスを相互に提供しあうような関係を構築し、相互に、気にかけあい、思いやり、信頼感と安心感に定礎された、地域コミュニティ形成の基礎を創り出そうとしているともいえるであろう。

ここでは、シニアが「健康」にきわめて強い関心を抱いているとはいえ、それは、単に健康のための健康ではない点に注意を払う必要がある。そこには、仲間と一緒に体を動かすことで、仲間と認め合い、仲間と新たな何かをやろうとするような、健康であることによる人間関係構築への動機づけが存在し、それを求めているのである。また、健康であることは、家族や趣味・生きがいと連動し、さらに仕事にも連なりながら、高齢者世代のもつ、「おかげさま」という人様への感謝の気持ちと、人様の役に立ちたいという思い、楽しく活動することが仕事になっていて、楽しく過ごすことが人様の役に立っているような生き方と結びついていくものなのである。そして、そうだからこそ、彼らは健康であることを自分の存在に関わるような切実さをもって感じ取っているのだといってよいであろう。

2　「社会貢献」「ボランティア」に関する意識から読みとれること

「社会貢献」「ボランティア」にかかわるシニア世代の意識からわかるのは、「社会貢献」について関心が高いのは、彼らが何か社会貢献をしたいと望んでいるからだということ、つまり、この高い意識には、社会貢献をしたいのはなぜなのかということが表現されているということである。それはまた、社会貢献が何か特別なことではなく、シニア世代の人々の日常生活のあり方、自分の存在のあり方と深く結びついたものとしてとらえられていることを示している。

彼らは次のように語っている。

＊隣近所や社会の人々のおかげで、これまで生きてこられました。恩返しをするために、ボランティアとしていろいろな地域の活動に参加したり、これまでの人生の経験を子どもたちに伝えたりしています。

＊ひとり暮らしのお年寄りと交流する機会を持ちたいと思います。時々、老人施設にたずねていっては、話し相手になっています。

＊いま、私は老人保健施設でボランティアをやっています。そこで、お年寄りの世話を焼く傍ら、自分の経験を若い人たちに話しています。

＊私は一三年間の軍隊生活と五年間のシベリア抑留の経験があります。この経験を若い人たちに伝えたい。平和な世界を作ってもらいたい。

＊何か社会に役立つことをして、美しい心を作り出したい。いま、地域でお掃除の活動と子どもたちに本を読み聞かせる活動に参加しています。

「社会貢献」への意識を通覧してわかるのは、シニア世代の人々が極めて多様な、また重層的な生活上のネットワークの中に生きていて、そのネットワークの間を軽やかに移動しながら、人生を楽しんでいる姿である。それぞれのネットワークはそれぞそのものとして、地域社会への貢献や人の役に立つという意味をもちながら、シニア世代の日常生活と結びついて、彼らの生活と活動を地域社会において意味あるものへと練り上げ、シニア世代の人々の生きがいを創り出しており、彼らの存在を相互に認め合いつつ、自分の社会的価値や意義をシニア自身が見出していく手助けをなしているのである。この意味では、シニア世代の人々は、社会の第一線を退くことで、逆に、地域社会において、重層的に重なったさまざまな人間関係のネットワークの中に自ら身を置いて、そのネットワークのなかで自分の存在を他者とともに認め合う関係を形成しているものと思われる。だからこそ、彼らの地域社会への貢献は、強い責任感と倫理観、高い志をともないながら、人生を楽しみつつ、生きがいを感じられるものとして、実践されているのだといえる。

しかし、逆に、そうであれば、社会の第一線を退いて、このネットワークを探し出せないでいる人々にとっては、地域社会で自分の存在を肯定的に見出すことができない、きわめてつらい状況に置かれる可能性があるともいえる。この点が、シニア世代の人々の生き方を考える上で、留意されるべきことであろう。シニア世代のもつどのネットワークに照準を定め、彼らの社会的な活動を導き出し、支援するのか、つねに具体的な彼らの存在にそくして考えなければならないのである。このことは、「ボランティア」においても、同様である。

また、「社会貢献」「ボランティア」に関する自由記述からうかがわれるのは、シニア世代が自分を肯定的にとらえつつ、さまざまな社会的活動へと足を踏み出し得るためには、過去の自分を自らが肯定的に受けとめ得、かつ他者にもその存在を肯定してもらえることが必要だということである。「社会貢献」「ボランティア」で彼らが他者と共有したいのは、自らの経験であり、体験であり、自らが身につけた技術であり趣味である。この意味では、すべては彼らの過去の蓄積であり、それを社会的にひらく、つまり他者との関係の中で伝承し、語りかけ、他者に共有してもらうことで、自分を他者に共有してもらい、それが自分の社会的な存在の承認へとつながっていくということである。しかも、この自らを社会にひらくことは、さらに子どもたちへの伝承へとつながって、未来へと自分をひらいていくことへと結びついている。

このことは、シニア世代の「社会貢献」「ボランティア」とは、単に社会のために自ら奉仕するということではなく、自分自身を社会的にまた世代的に活かしていくこと、人々との関係の中で今存在している自分を認め合い、それをさらにより広い社会的な関係、および世代的な関係にひらくことで、自分をある意味で永遠化することにつながっているのだといえる。しかも、この背後には、人様の「おかげ」で自分が今のように幸せに生きられ、生かされていることに対する感謝と、そのように幸せには生きられない人に対する申し訳のなさ、が存在している。

ここにもまた、シニア世代の人々を基本とした新たな地域コミュニティを考える上で、具体的な課題がとらえられることになる。つまり「社会貢献」「ボランティア」は、新たな社会を構想する上では、重要な柱とならざるを得ないが、それは「社会貢献」のための社会貢献、「ボランティア」のためのボランティアとして、デザインされてはならないということである。それは常に、シニア世代のこれまで生きてきた事実を肯定的にとらえつつ、彼らの社会に対する恩返しの気持ちを基礎に、彼らが「社会貢献」「ボランティア」を通して、より多くの人々と関係を結び、それが彼らの生を社会的にも世代的にもひらいていくという枠組みの中で、とらえられるべきことがらなのである。より多くの人々に彼らの存在が肯定されつつ、彼らのもつ経験や知識、技能、技術、趣味などが伝承されていき、それが彼ら自身の現実の生活に還ってくるような、また、彼らの存在欲求を満足させつつ、楽しんで生活することがおのずから社会貢献であるような、このような性格をもつ社会をデザインすることが求められていることを意味しているのである。

3 「趣味」に関する意識から読みとれること

「趣味」に関するシニア世代の意識からうかがえるのは、彼らの「趣味」への関心が高いのは、それが端的に楽しいからであり、そしてその趣味が、健康や友だちに結びついていて、それがまた、趣味の楽しさを増幅しているからだということである。ここでは、「趣味」は「趣味」そのものとして、それが楽しく、それを極めることで、自分がより高まり、豊かになるという実感を得られること、つまり、自分自身の存在を趣味の中に見出しながら、その趣味を自分のものとして、より向上している自分を実感できるという、自分の存在に関わるものとして、あることが重要である。しかもそれは、さらに健康などの、より身近なかつ実益的な自分のあり方へと結びついていることで、さらにうれしくなる、ということであろう。

彼らは、次のように記している。

＊高齢となり、趣味を生かした横のつながりを大切にしています。横のつながりがあると友だちが増えます。横のつながりを通して、地域の活動に参加して、健康づくり或いは長生きに感謝して社会奉仕でご恩返しをしています。

＊社交ダンスをしております。とても楽しいです。友達が出来ます。

＊草花が好きで、山野草、球根・草花を交換して花の咲く楽しさ、人の和が広がって生きる楽しさを味わっています。趣味を通して、幸せです。

＊歌を聞いたり唄ったりすることが大好き、健康にもいい。習字を子供に教えることが生きがい、趣味をとおして子どもと仲良しになれる。

ここでは、趣味が楽しく、それを極めることが目的であって、健康のために趣味を行なうのではないという点に注意しなければならない。また、趣味を極めることで、自分から人に教えたくなるし、同じ趣味を共有する友だちと「同志愛」的な感覚ができ、趣味を媒介として、自分を他者との人間関係にひらくことができ、他者を自分に引き受けながら、自分を他者に引き受けてもらう関係ができあがる。信頼感と安心感である。それがさらに、趣味への没頭を生み出す。その上、このいわば横への広がりである同年代の「同志」との間で自分を実感でき、自分を引き受けてもらうことで、自分を活かしていくという関係は、さらに、それを世代間の関係へと展開しようとする。趣味を通した自分のもてるものの伝承、つまり自分自身の経験を次の世代に残していこうとする気持ちや実践へと展開するのである。自分の満足のいく形で、自分の生きた証を社会と次の世代に刻み込もうとすることへとつながるのだといえる。

ここで注意すべきは、これらの気持ちや実践が、意識的になされているというよりは、趣味をきわめていくこと、楽しみ尽くすことによって、それがいわば自然にわき出る望みであるかのように、シニア世代の中にひろがっているということである。「趣味」は、高齢社会を考える上では欠かせない重要なものである。しかし、それは、何か目的を持った手段や方法としての趣味、たとえば自分の生きがいを見つけるための趣味、友だちをつくるための趣味、人の役に立つための趣味、若い世代への伝承のための趣味、などというデザインのされ方であってはならない。それは端的に、上質で、高度で、一流の講師によって伝えられる一流の内容、つまりそれに魅せられ、次のステップに自然と気持ちとからだが動いてしまうような力のある内容、それがシニア世代の人々の飽くなき向上心やもっと楽しみたいという気持ちを刺激するような内容であることが求められるのである。

「趣味」はそれそのものが目的となることではじめて、それを学び、実践するシニア世代にとって、意味のあるものとなる。つまり、自分を実感でき、自分を社会的、歴史的な存在としてひらき、自分の存在そのものを自分と他者が認めつつ、その社会的な意味を確認できるものとなるのだといえる。

4　「仕事」に関するシニア世代の意識から読みとれること

「仕事」に関するシニア世代の意識からは、彼らが「仕事」に対して高い意識をもっているのは、次のような理由からであることがうかがえる。一つは、仕事がこれまでの自分の人生と切り離し難く結びついており、それを継続することが、自分自身の存在証明となっている、つまり存在欲求を満たすことになっているということである。だからこそ、多くの人が、「仕事」を生きがいであると答え、「天職」であると答えているのであり、そうであるからこそ、元気なうちは続けたいと答えているのである。

しかもそれは、自分の人生と切り離しがたいが故に、苦労や面倒を抱え込んだものとして存在しており、それだからこそ、きわめていく、続けていくことが、自分そのものをさらに活かしていくことだと意識されている。ここが「趣味」と大きく異なるところであろう。「趣味」も生きがいであり、自分を高め、極めていくことに喜びを見出すことにつながっているが、そこには、「仕事」のような泥臭いにおいはない。むしろ、生きるためにこなしてきた仕事や社会の第一線から解放された、その解放感に裏打ちされた、これから第二の人生を送るにふさわしいものとしての「趣味」という印象である。「仕事」はそうではないが、逆に自分そのものの継続であることで、愛おしいような感じが残るという意識だといえる。

第二は、「仕事」が社会的または集団的な責任をともなうものとして、自己に課せられているということである。これは、自分そのものである「仕事」が社会的にひらかれる性格をもつものであり、それが故に、自分そのものが他者との関係にひらかれて、他者に共有されることで、社会的に認知され、そして活かされていく、そういう存在として自分が社会的な関係から自分へと還ってくるということである。自分が社会的に存在していることが、自分自身によって確認されるだけではなく、他者によっても確認されるという、存在欲求を満たすものが「仕事」なのである。しかも、自己の存在欲求を社会的に満たすという意味では、「趣味」と同様でありながら、「仕事」は趣味とは異なって、社会的な責任を自分が背負うという意味において成立しているものである。だからこそ、それはより強く自分と社会とを結びつけつつ、自分の社会における役割や責務が自己の社会的な存在理由として意識されることにつながっているのだといえる。

彼らは「仕事」を次のように語っている。

＊編み物をうちでやっています。編み物が大好きで、編み物は自分の天職だと感じています。お客さんにできあがったものをお渡しするときの笑顔に、とても幸せを感じます。

＊家で仕事（洋裁）をいただき、ほそぼそと頑張ってやっているのが楽しみで続けています。仕事をお客さんに手渡すときに、とても充実した感じがします。

＊現在妻と二人で市営住宅に住んで居ますが、福祉関係の仕事に従事して、妻はパート、自分は通所者（学園の分場作業など）の送迎運転手をして居る。健康で妻と共に同じ職場で働ける事

が生きがいと思っています。

＊現役時代に取得した資格を生かして定年後、再就職している。パソコンで市のホームページ作成のボランティアや、写真を趣味とし、多くの友人とのコミュニケーションを図ることができ、健康にも恵まれ、今のところは充実した毎日を送っています。

こうして、「仕事」はシニア世代にとっては、より強く自分と結びつけられ、自分そのものであると意識されている。と同時に、それが社会的な責任や役割を担うものであるがために、自分をより強く社会に位置づけ、他者と結びつけるものとして意識されることになる。単なる生きがいではなく、自分そのものの社会的な生命をかけた「天職」なのである。

これを、高齢社会のあり方に引きつけてとらえるとき、「仕事」は重要な柱の一つになるものと思われるが、シニア世代がこれまで関わってきた職業は千差万別であり、それを一つひとつ追跡し、とらえることは不可能である。「仕事」に関しては、シニア世代がこれまで生きてきたことを基礎にして、さらにそれを活かして社会的な役割を担う糸口をつかめるような地域コミュニティのデザインが必要なのであり、それは、シニア世代の存在そのものを新たな社会的意義へと媒介するものでなければならないのである。

5　「家族」に関する意識から読みとれること

「家族」に関するシニア世代の意識においては、介護という現実が差し迫った問題としてとらえられており、それが彼らにうろたえにも似た戸惑いをもたらしていることがうかがえる。そして、第二に、「家族」の存在とは、その存在そのものが愛おしいもの、心のよりどころとなるものとして意識されており、自分と切り離しては考えられない、自分の一部として感じ取られているということを指摘できる。この意味では、彼らのうろたえは、自分にとって、自分の存在と切り離しては意識できないその人が、介護の対象となる、つまり自分から切り離されていってしまうことへの戸惑いや怖れの感覚に、彼らがまとわりつかれていることを物語っているようにも思われる。

彼らは「家族」をこう語っている。

*妻を亡くしてから生き甲斐を感ずることもなく、二年が経過しました。やっと趣味の魚つりや旅行にも行こうと思う様になりました。

*はじめての孫が誕生したばかりです。とてもうれしくて、満たされた感じがしています。孫一人でこんなにも感じがちがうなんて、思ってもみませんでした。人生が変化して行くことでしょう。しっかりと、そしてきちんとした生活をしてゆかなければ。

*三世代同居で自分が何とか動けるうちは息子夫婦、孫達に少しでも役にたてる事があればと。これが私たちの役目です。

*夫は五年前に他界しまして息子夫婦は勤めに出ますので、家事と子守が私の大事な仕事です。おばあちゃんも孫の面倒がみれてうれしい!

シニア世代が抱える「家族」問題とは、自分とは切り離せず、相対化できない存在であるその人を、自分から離れていってしまう存在として受けとめることを強いられ、また自分がその人から離れていってしまうことをも意識せざるを得ない、その現実として、まずあるのではないか。だからこそ、彼らは子ども世帯との同居を望み、喜び、また孫をかわいがり、孫の世話ができることに幸せと責任を感じ取っているのではないか。それはまた、自分がかけがえのない家族に継承されていることの、無意識の存在確認であるように見える。

これらを、高齢社会のあり方に引きつけて考えるとき、「家族」も重要な内容であり、それはまず介護問題としてきちんと位置づけられなければならないといえる。その上で、シニア世代に対して、「家族」の代わりを提示するのではなく、自分の存在が社会的、世代的に継承されていく生き方の模索を進めることができるような、自分を自分自身として社会や次の世代に活かしていくことができるという希望をもってもらえるような、コミュニティを構想することが必要だと思われる。

(三) 結びついていることと尊厳・生きがい・社会貢献

以上、シニア世代の関心事とそれに対する意識を概観してきたが、そこでとらえられるのは、「健康」「社会貢献・ボランティア」「趣味」「仕事」「家族」に対する意識を通して、一つのテーマが存在するということである。それは、自分が人として他者と結びついていることの感覚と、人間としての尊厳、生きがい、社会貢献への思いとが還流しているということである。改めてまとめ直すと、次のようになる。

「健康」は、シニア世代にとって極めて切実なものと受け止められ、関心が高いが、それは、健康そのものとして受けとめられているのではない。彼らは、自分が家族や友人・知人そして社会の見知らぬ人々の「おかげ」で存在していることへの感謝の気持ちとそこから発する迷惑をかけたくないという気持ちを抱き、その他者との間に生かされて在る自分を感じ取ることで、自分の人間としての尊厳を思い、他者の幸せを願っている。このことの営みにおいて、「健康」が意識されているのである。

「社会貢献・ボランティア」にも、シニア世代は極めて高い関心度を示している。「社会貢献・ボランティア」に関する自由記述からは、シニア世代が極めて多様で重層的な人的ネットワークのなかで生活し、そのネットワーク相互の間を軽やかに移動しながら、自分の社会的な役割を感じ取り、人生を楽しんでいることがうかがえる。それはまた、そのネットワークのなかで他者と相互に認め合うものとして自分が存在し、肩肘張るのではないが、強い責任感と倫理観に支えられた生きがいとして、社会貢献がとらえられていることを示している。

「趣味」に対する意識が高いのは、それが第一義的に楽しいからであり、それが健康に結びつき、友だちに結びついているからであった。「趣味」は、それそのものとしてきわめることで満足を得ることができ、シニア世代が自分の存在をその中に見出すものとして、まずある。さらに、それは自分を他者へと媒介し、結びつけるものとしてあることで、自分を社会的かつ世代的にひらいていくことにつながり、自分の存在を永遠化するものとしてある。「趣味」は、生きがいでもあるのである。

「仕事」も「趣味」と同様に、自分を社会的・世代的にひらいていくものとしてある。しかし「趣味」と決定的に異なるのは、それがそれまでのシニア世代の人々一人ひとりの生き方そのものの延長にあるということである。その意味で、「仕事」は泥臭いものとして、継続されており、しかも社会的・集団的に強い責任をともなうものとしてあるといってよい。「仕事」は自分そのものだからこそ、それは自分の社会的な役割や責務としてとらえられており、またそれは、自分自身であるものが社会的・世代的にひらかれて自分へと還ってくるからこそ、「天職」なのである。それは生きがいでもあり、自己の存在証明でもあるのである。

「家族」については、まさにその家族が自分と切り離し難く存在していることにおいて、きわめて切実に意識されている。そして、彼らシニアは、自分の存在と重なっているがために引き剥がせないその人が自分から離れていかざるを得ず、自分もその人から離れていかざるを得ない現実を受け入れることを強いられて戸惑い、うろたえている。だから、彼らは子ども世帯との同居を望み、孫の世話をできることに幸せを感じている。自分の命がつながっていくことに自己の存在を確認しているかのようだといってよい。

自分の存在が社会的・世代的に他者と結びついていることによって、自分の存在を位置づけ、感じ取っている。それが、自分の人間としての尊厳や生きがい、そして社会貢献への思い・意欲へとつながり、それらが自分を社会的・世代的に他者と結びつけていく。この循環ができているのが、シニア世代の関心事への意識だといえるであろう。この彼らの意識は、何かモノを所有することで満たされるのではなく、自分の存在そのものが自分と他者によって承認され、受け入れられることで自分が満たされる存在欲求の充足へと展開していく。ここに、彼ら自身の新たな生き方の鍵が存在している。

三　好奇心と自立、そして自己の尊厳
——シニア世代の新しい価値意識（二〇〇七年のアンケート調査より）

二〇〇一年にアンケート調査を行なって以降、社会はその問題状況において、深刻度を増してきている。たとえば、長引く不況で中高年労働者のリストラが増加し、また社会の閉塞感の影響か、中高年男性のうつ病が社会的な広がりを見せるとともに、自殺が急増し、またニートやフリーターという若年の社会的な弱者が構造的に生み出されてきている。さらに、日本社会は二〇〇五年には人口減少社会へと転じ、〇七年には超高齢社会へと足を踏み入れ、また同じ年にいわゆる「二〇〇七年問題」つまり団塊の世代の大量定年の時期を迎えることになった。

このような社会状況を背景として、シニア世代の人々自身の価値観や意識も変化しているものと思われる。それはまた、先の二〇〇一年アンケートが対象としていた戦前・戦中生まれのシニアの

価値観や意識に、戦後生まれのシニアが加わることで、新たな傾向を示すものとなっているようにも考えられる。以下、二〇〇七年に行なった高齢者に対するアンケート調査の結果を概観し、シニア世代の価値観と意識のありようについて、検討する。

(二) どのように生きてきたのか、どのように生きたいか

1 回答者の属性

新たなアンケートは、二〇〇一年アンケートと同様、筆者の研究室と共同でシニア・プロジェクトを展開している企業の顧客名簿から抽出された九七四八名を対象とし、郵送で行なわれた。有効回答数は三六七、有効回答率は三・七六パーセントであった。アンケート調査内容は、郵送の制約があったため、前回のアンケートと同じではなく、一部分内容的に重複させながら、興味関心のあることではなく、どのように生きてきたのか、どのように生きたいと考えているのかを記述式で回答してもらうことに重点を置くものとした。

有効回答者の属性は、以下の通りである。

a 年齢の構成

六〇歳以上を基準として五歳刻みで年齢構成を見てみると図1－11に示されるような構成となった。年齢分布としては、高齢者に当たる年齢の人々に広く回答を得ることができたものと思われる。

〈図1-11〉　回答者年齢構成

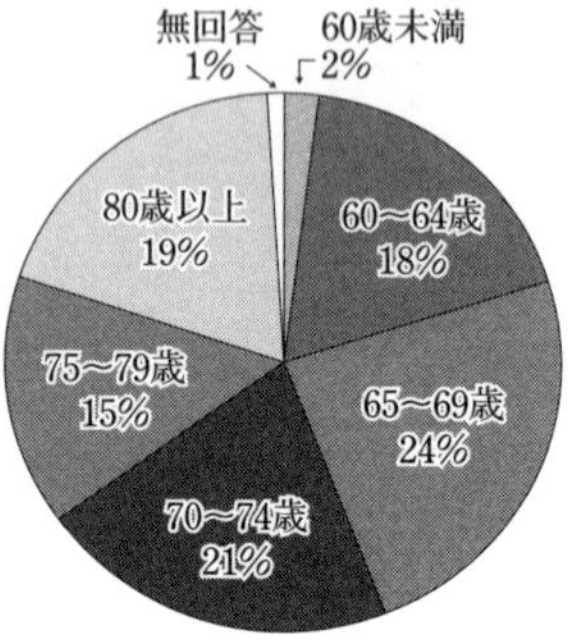

〈図1-12〉　回答者居住の形

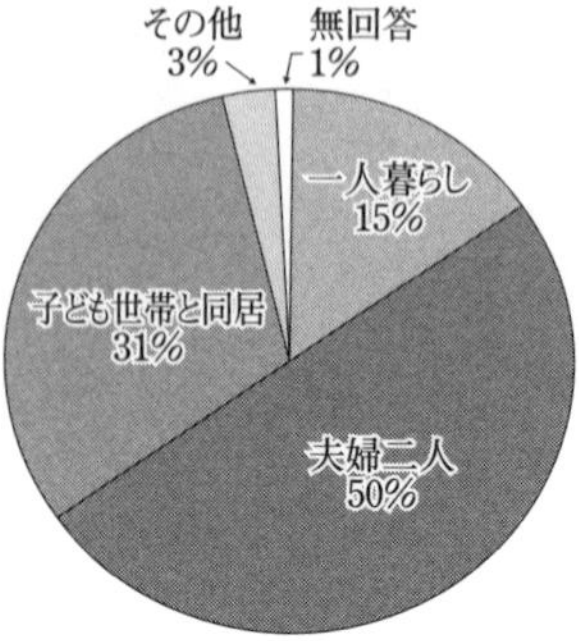

b　男女比

男女比については、男性が約五八パーセント、女性が約四一パーセントであった。「二〇〇七年問題」など、企業退職者の生きがいづくりや地域社会への受け入れのあり方が取りざたされる中、このアンケートで得られる回答が男性の声をすくい上げていることの意味は大きいものと思われる。

c　居住の形

アンケート回答者の居住の形はどのようなものなのであろうか。回答結果は、図1－12に示すとおりである。回答者のうち、六五パーセントが高齢者世帯、そのうち一五パーセントがいわゆる独居老人であることがわかる。

このような居住の形を反映してか、回答の中では、家族への強い思いとともに、子ども世帯との交流を強く望む声が散見された。これはまた、筆者が以前、刈谷商工会議所とともに行なった刈谷市の中心市街地におけるシニア世代の意識調査の結果とも重なるものである。すでに自宅を持ち、自らが子ども世代にとっての実家となっている多くのシニアが、経済的にも、健康的にも問題なしと回答し、またシニア世代の役割は第一に自立して生活することであり、若い世代に迷惑をかけてはならないと回答しているのにもかかわらず、子ども世代に対して同居または近隣への居住を強く求める回答が多かったのである。刈谷市での調査結果は図1－13を参照されたい(5)。

彼らシニアは、若い世代に依存しようとか、若い世代が自分を世話することは当然だと受け止めているわけではない。むしろ、独居または高齢者だけの世帯であることから来る精神的な問題、端的には寂しさをもてあましているがために、若い世代との同居・交流を求めているのだといえそうである。

2 「感謝」「充実」「生きがい」――どのような気持ちで過ごしているのか

では、アンケート回答者たちはどのような気持ちで日々過ごしてきて、また過ごしているのであろうか。回答からは、彼らが、周囲の人々や社会に対して感謝しながら、充実した日々を過ごしていると感じていること、さらにはそこから生きがいを感じ、楽しい生活を送っており、かなり前向きな姿勢で毎日を過ごしている姿がうかがえる。彼らの自由記述をその特徴にもとづいて分類すると、次のようになる。

a　感謝

彼らは、感謝して生活している。自分の健康についても、健康でいられることに対して、家族や知人、社会に感謝し、また神仏にも感謝するという意識が見られ、またそこから、社会に対して恩

〈図1−13〉　子ども世帯との暮らし方の希望

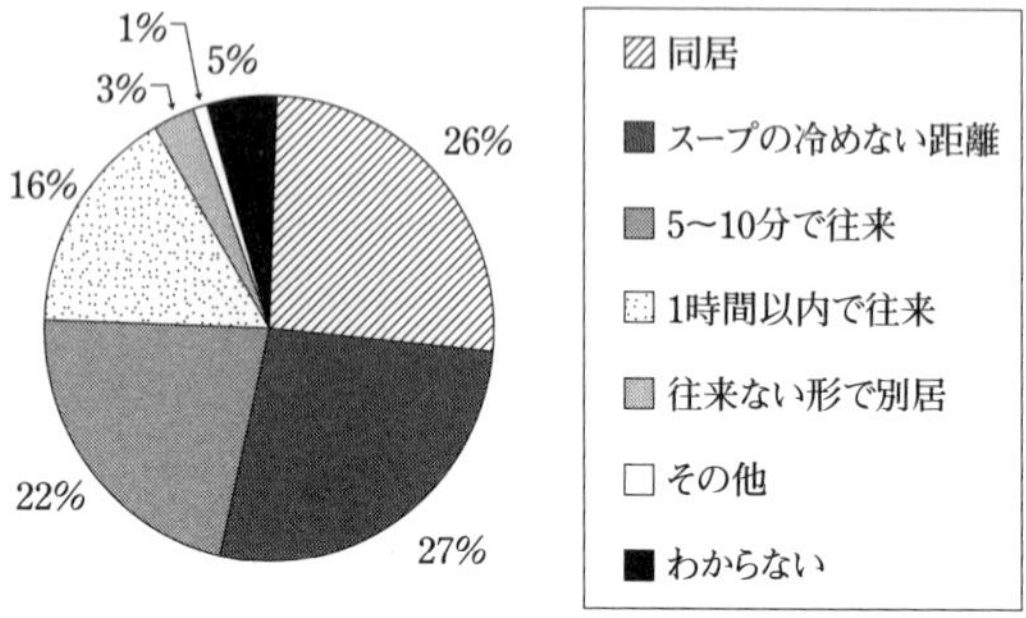

返しをしたいという気持ちが伝えられている。これは、〇一年のアンケート調査においても顕著に見られた特徴であった。自分の存在そのものを社会的な関係の中に置きつつ、自分がこれまで生きてこられたことを、自分を超えたもの、つまり家族や知人そして社会、さらには神仏に対して感謝し、さらにそこから、なにがしかの恩返しをしたいと願い出るという気持ちの表明がなされているのである。

たとえば、次のような記述がある。

＊大変充実した毎日を送らせていただいております。日々感謝致しております。

＊毎日元気で生きておられることに神仏と社会に感謝をしています。

＊毎日が楽しく幸せいっぱいで感謝しています。

＊今まで健康には比較的に恵まれ生かされて来、又、地域のため、郷土のために働くことが出来ましたが、今後尚一層の地域社会の福祉向上のために働きたい。

＊世の中に大変色々とお世話になりました。少しでも皆さん一緒になって万物の物などにお返ししたい。

b　充実・楽しい・満足

○七年のアンケート調査では、多くの人が「毎日の生活が楽しい」と答えていることが印象的である。とにかく充実した毎日を送っている、こういう情景が浮かんでくるような記述がかなりの数にのぼっている。これは、○一年アンケートからは直接的にうかがうことのできなかった新たな特徴であるといってよい。

次のような記述がある。

＊年金を頂き妻と二人で楽しく生活を送っています、午前中、ゲートボールで楽しみ、午後は野菜作りです。

＊健康を第一に、そして友人と毎日モーニングに行き、色々な話をしながら楽しみな日を送っています。

＊趣味とか友人と逢うとか、時間が足りないくらいです。

＊一日一日を充実して過せる様に目的を持っていきたい。地域あるいはいろいろな友達との交際を広めていくように努めている。

＊天気のいい時は散歩し、楽しい一日を過ごして居ます。元気が何よりです。

c　生きがいをもって

また、前記のように楽しい毎日を送るために心がけていることとして、多くの回答者が挙げていたのが、生きがいということである。趣味を含めて、自分が元気に動き回っていられること、その活動が他人の役に立っていたり、地域社会にとって必要なことだと自分で意識しており、また社会からも認められていることが、重要なことのようである。

彼らは次のように語っている。

＊六〇才から再チャレンジ、趣味にスポーツに毎日が希望があり楽しい。
＊元気一ぱい仕事に生きがいを感じて頑張っております。
＊週三日は習い事をしていますので外出（社交ダンス、カラオケ教室）、後の四日間は練習をしたり、友人と食事会等充実した毎日です。
＊現在デイサービスの運転手をしています。今後の自分を考え、できることをして社会に貢献できたらと思っています。
＊町内の班長で町報くばり、壽会会費を集めたり、ゴミ推進委員として町内のゴミを集めたり、色々仕事があり、楽しく働いています。

d　前向きに

さらに、彼らの毎日を支えている気持ちとして、「前向き」という言葉が多く語られている。老後ではなく、第二の人生を、積極的に、前向きに生きていこうとしている姿がイメージされる。そして、このような気持ちのもち方が、前記の楽しくて、充実している毎日という感想をもたらしているものと思われる。

このような、人生に積極的であり、活力のある生き方をしようとしているというシニアのイメージは、〇一年のアンケートからは引き出せなかった特徴であり、この数年間で、高齢者が意識の上でも若返っているような印象を受ける。

次のような記述がある。

＊さみしいが子や孫が来てくれるのを楽しみに過去をふり返って悲しまず前向きに生きたいと思っている。

＊健康で二人して笑いのある生活が出来ればと思って居ます。体がおとろへ《ママ》ない様にリハビリ等太陽の光を受けガンバッテいます。

＊悔いのない日々、一日一日楽しく、有意義のある生活にする様、常に前向きな気持ちで済んだ事については反省する（良かった、悪かった と自己判断分析する）。

＊日一日を健康で、大勢の仲間たちと助け合って生きたいと考えている。

＊人生は前向きが一番。清い心で世のため、人のために。自分の健康は自分で管理。

e　社会への高い関心

社会への関心の高さも、一つの特徴であるといってよいであろう。回答者のうち少なくない人々が、今の社会に対する高い関心を語っており、また批判的な見解を示し、よりよい社会であって欲しいと願っている。こうしたより広い社会への関心も、気持ちを前向きにさせ、生活を充実させ、自分がいきいきと生活しているという感覚をもたらすものであるといってよいであろう。以下のような記述が寄せられている。

＊昨今の異常ともいえる社会情勢に本当にイライラしている。経済も大事であろうが、それ以上に大切なモノが追いやられ失われていくのが悲しい。
＊自分と妻との健康に気づかいしながら、時事移り変わりの面白さ激しさに関心大。経済の変化殊更に関心事。
＊世界平和になる夢に現実私の心が平和なる様精進してます。
＊健康でいて、この平和な世の中が続くように願う気持ちで過ごしています。
＊私等二人は戦争をしっかり体験しております。平和と自由を感謝して毎日を過して居ります。

f　寂しさ、不安

積極的に第二の人生をすごそうとする回答者がほとんどであるその裏で、やはり、そのようには生きられず、寂しく、また不安であるという人々も存在している。それは、孤独であることがもっとも強く影響しているようである。このことはまた、独居や高齢者二人で生活しているだけでなく、やはり若い世代と一緒に過ごしたいという願望ともつながってくるものであろうし、さらには高齢者の人間関係が、死別その他の決定的な要因によって、かなり容易に切断されてしまうものであることをも物語っているように思われる。

彼らはこう語っている。

＊家内が先に死亡しましたが、一年ぐらいは本当に淋しい気持ちで一杯でした。お互いに話し相手がいないのが心痛に思う。
＊気持ちは話し相手がほしいです。毎日がサビしいです。
＊何時までこの状態で生かされて行くのかと……
＊やりたいことが見つからない。

3　「楽しみ」「好奇心」「恩返し」――これからどう生きていきたいのか

前述のように、家族や知人そして社会に感謝しつつ、積極的に、充実感を持って生活している彼らは、今後、どのような生き方をしたいと考えているのであろうか。アンケート調査に寄せられた彼らの言葉からは、旺盛な好奇心をもって、楽しく、しかも社会に貢献できるような生き方を望んでいることが伝わってくる。この点は、〇一年のアンケートからもうかがえた傾向ではあるが、〇七年のアンケートの方がより積極的に、強い好奇心をもって、第二の人生に臨んでいる彼らの姿を垣間見ることができるように思われる。

a　多様な楽しみをすでに

回答者のほとんどはすでに多様な楽しみをもっており、それをさらに発展させたいと希望している。自由記述には、現在やっている多様な趣味や活動が列挙され、さらにどんなことをやりたいのか、具体的な事例が挙げられている。この意味では、〇七年のアンケートからうかがえるシニア世代の生き方は、人生に積極的で、しかもすでに実際に、かなり自分の趣味や楽しみをもっており、それをさらに深めたり、他のものへと広げるチャレンジをしたいと強く希望していること、つまり人生の楽しみ方を心得ている人が多いという印象を抱かされるものであった。

彼らは次のように書いている。

＊旅行など一人参加が多いが出来るだけ海外へも国内へも出かけ楽しんで生きたい。
＊写真が趣味ですので将来個展でも出来ればと思っています。ほとんどデジカメでパソコンに取り入れて楽しんでいます。

＊夫婦で旅行や映画、又、日々孫の成長振り等々楽しみながら生きていきたいです。
＊いつもニコニコ笑って暮したい。したい事が一っぱい。プールにも行き、パッチワークもしたい、絵も書きたい。

b　人に迷惑をかけないで

また、どのような生き方をしたいかとの問いに対して、多くの回答者が指摘しているのが、他人に迷惑をかけない生き方であった。これは、毎日感謝して生活しているということの裏返しでもあると思われる。また、〇一年のアンケートからも、人様に迷惑をかけることのないように生きていきたいとの回答が多く寄せられていた。この意味では、高齢者の生き方の一つのあり方として、人に迷惑をかけないという価値があるものと思われる。

ただし、気をつけたいのは、〇一年アンケートでの回答における人様に迷惑をかけたくないという気持ちは、自分がこの社会に生かされて存在しているという深い自己認識から導かれたものであり、それは感謝とともに恩返しへとつながっていく、ある種の切実なイメージと結びついたものであった。しかし、〇七年のアンケートからうかがえる他人に迷惑をかけないという意識または価値は、そのような切実なイメージというよりは、一種の明るい規範であるかのようにして記述されている。この点が特徴的である。

彼らは次のように語っている。

＊人様に迷惑をかけないように健康に留意し、有難く生きたいと念願しております。
＊なるべく回りに迷惑をかけないように、命ある限り好奇心は持ち続けたいと思っています。
＊息子たちの脚を引張ることがないようにしたい。健康に注意。主人の健康管理もしっかりしなくては？と思いつつ。
＊齢七〇歳、一人暮しを余儀なくされると何はともあれ、何事もなく、人様に迷惑をかけないということが大前提。
＊健康で長生きし子どもの世話に長くかからないように生活したい。

c　旺盛な好奇心

○七年のアンケートの回答を特徴づけているものとして、回答者の旺盛な好奇心を挙げることができる。とにかく、何にでも挑戦してやろうというような気概を感じられる記述が多く寄せられている。そして、このような旺盛な好奇心とチャレンジが、人に迷惑をかけないという意識を、感謝・恩返しと結びつけるよりは、個人の活発な活動と結びつけているようにも思われる。個人が活発に活動するときの基本的マナーとしての迷惑をかけないこと、という感じである。

彼らがチャレンジしたいことは、以下のようなものである。

＊孫のめんどう（息子夫妻・勤め）＋趣味（絵をかくこと）＋畑仕事＋地域人（元自治会員など）な

ど、ヒマのない生活。

＊希望・目標をもって今後もいろいろ挑戦したい。興味を持つことが一番。まず行動にうつすこと。

＊バラ色とまではいかなくても女性としての色気はずっと持ち続けたいと思います。

＊できれば、後進国（発展途上国）でのボランティア　農林学、教育等。

＊七六才から始めたけれど健康の為にと思って少々無理かな。ゲートボール出来なくなったら次は何をしようかと前向きに生きたい。

＊仕事と社会貢献は退職までに充分やってきた。これからは自分の人生だ。今まで勉強できなかったこと、ひまがなくてやれなかったことを死ぬまでに、なるべく多くやりぬく。

d　社会への思い、恩返し

個人的な活動が活発で、人に迷惑をかけないことが基本的マナーだとはいっても、社会のために何かをしたいと強く願っていることに変わりはない。多くの回答者が、社会貢献をしたいと語っている。そしてそれは、自分の子どもや孫など、自分とは切れない存在の切実さを感じ取っているが故であることも示されている。

ただ、ここでも注意したいのは、〇一年アンケートの回答に見られる社会貢献への思いが、どちらかというと湿っぽい、ある種の宿命論的な論理をもっていたのに対して、〇七年のアンケートの回答から見られる社会貢献への思いは、むしろもっと明るい、からっとしたものだという印象を受けることである。それはまた、これまで述べてきたように、高齢者が社会的により多く注目されることになり、彼らが元気に社会に進出していることと無縁ではないように思われる。

彼らは、社会貢献への思いを次のように書いている。

＊一人の人間として!!　他の一人の人も尊い一人の人間であると絶えず自覚して生きていきたいですね。それが世界平和へとつながり戦争の無い社会を築くのではないでしょうか!!

＊趣味地域への貢献等で子、孫の住みやすい地域づくりを地域の人々と行動していきたい。

＊一日々々を大切にして、可能なかぎり社会と関って少しでも役に立つ生き方をしたいと思っています。

＊私の座右の銘は〝人間の価値は「いかに多くの人にいかに役立ったか」〟であり、生涯を終えるまで少しでも人のために役立つことを続けることである。

＊健康で人の為に少しでも役に立つことをしていきたい。

＊できるだけまわりの方たちに迷惑をかけないように元気でいて、少しでも子や孫の未来が平和であるような活動を続けたい。

4 「感謝」と「楽しみ」そして「恩返し」——生きていることの充実

以上、〇七年のアンケート調査から読み取れるシニア世代の意識の概要を紹介したが、アンケート結果からは、〇一年のアンケートと同様に、シニアは自らが社会的な関係の中に生かされて存在していること、幸せに生活できていることに感謝し、社会に対して恩返しをしたいと強く望んでいることがうかがえる。この感謝と恩返しという、自分の存在のあり方を社会の人間関係においてとらえようとする自己認識と、その自己認識から発する自分を社会的に生かしていこうとする志向性は、シニア世代の意識の一つの特徴を形づくっているものといってよいであろう。彼らは、自分の存在を社会にひらくことで、今まで幸せに生きてこられたことに対して感謝し、そこからそのような自分を受け入れてくれている家族や友人・知人そして社会に対して感謝し、さらに身近なコミュニティを中心とした社会への恩返しの気持ちが自然とわき上がってくるという意識をもっているように見える。

〇七年のアンケート調査から見て取れるもう一つの傾向は、このような自己認識が、「楽しみ」という自分の充実へと還ってくるような構造をもっているということである。〇一年アンケートにおいてとらえられたシニアの意識は、自分の存在を社会的な関係の中でとらえ、幸せに生きられることに感謝しつつ、その裏返しとして、社会に対して恩返しをしたい、人様の迷惑にならないように生きたいという、少々大げさな表現を用いれば、ある種の宿命論的な意識の傾向を示していた。これに対して、〇七年のアンケートでとらえられるシニアの意識は、自分を社会的な関係の中でとらえ、自分の周りの人々や社会に対して感謝し、恩返しへの気持ちを語りつつも、それが「楽しい」ことと強く結びついている。社会の中で生かされて存在している自分が、恩返しという宿命を背負うということではなく、楽しく前向きに生きていることで社会の役に立ち、社会に恩返しをすることで自分が充実して生きることにもつながっている。このようなある種の明るさ・楽観によって支えられている意識の構造を示しているように見える。より積極的に生きることで、人生の充実を得ている、そのことを肯定しつつ、社会的な活動にも前向きになる、という構図である。

このような意識の特徴は、一面で、生きていることの積極性や自律性を強く示すものであり、そのような前向きな生き方が、社会の中で幸せに生きられることへの感謝として現れるとともに、それに裏打ちされた恩返しへと結びついていくことになる。しかし、それはまた反面で、ある種の自己中心性をも示しているかのように見える。恩返しや社会貢献が、ある種の義務的な感覚で語られるのではなく、それらそのものが、自分の充実のために使われるようなあり方を示しているかのようであり、社会的な活動が自分の充実へと還ってこない時、自分だけがよければ、という意識へと転化しやすいのではないかということである。このことは、次のような記述からもうかがえるように思われる。

＊そこそこに健康が保持出来るような生活が出来、好きな趣味が楽しめる日々が送れるようにと願って、生活しています。

＊仕事をしていないので、のんびりした気持ちで過ごしています。（パソコンでインターネットの

麻雀ゲームなど）
＊今日一日も何事もなく穏やかに過ごしたい気持ちです。
＊ケセラセラなるようになれ、この年になると多くは望まない。

（二）多様な関心と強い好奇心

1　人生で関心のあるもの

次に、人生で関心のあるものについて訊いてみると、図1－14に示すような結果となった。九三パーセントもの人が、人生で関心のあるものをもっていると答えている。その内訳は、図1－15に示すとおりである。関心の高いものから順に「健康」「趣味」「家族」「ボランティア・社会貢献」「経済」「仕事」「その他」となっている。〇一年のアンケートでも、同じように、「健康」「趣味」「ボランティア・社会貢献」「仕事」「家族」などに強い関心が示されており、その意味では、これらは高齢者が共通して強い関心をもつものだといってよいと思われる。

以下、これらのうち、「健康」「ボランティア・社会貢献」「仕事」「家族」に関するアンケートの自由記述から彼らの意識を探ることとする。「趣味」に関しては、次の節で「学んでいるもの」「学びたいもの」として扱う。

2　健康に関する意識

健康についての意識を自由記述から拾ってみると、〇一年アンケートとは大きく異なる特徴が浮

〈図1–14〉 人生で関心あるものの有無

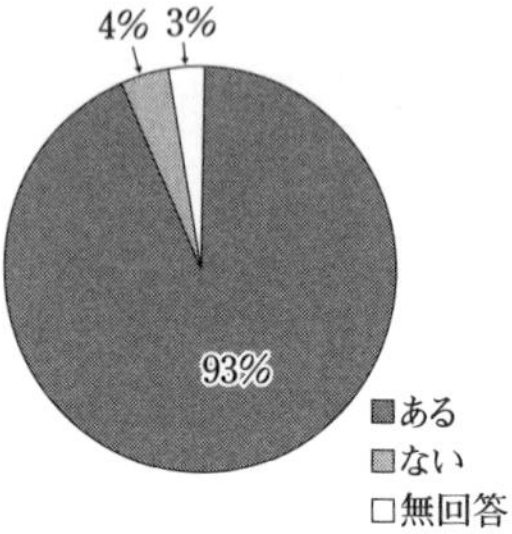

〈図1–15〉 人生で関心あるものの分野

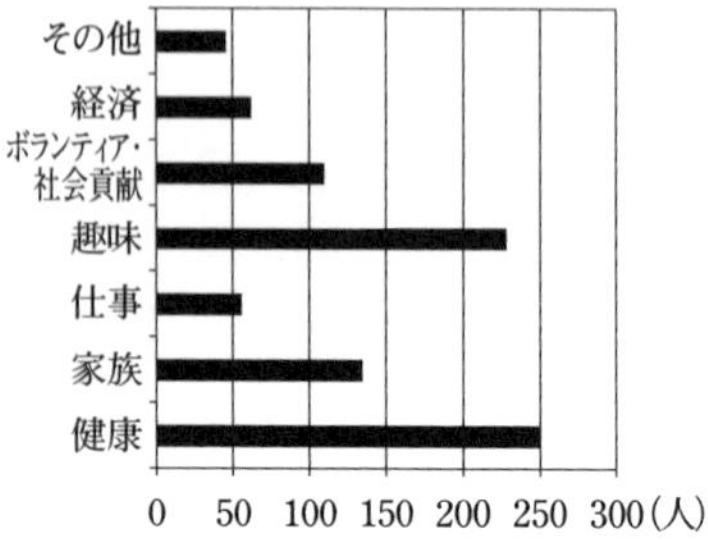

かび上がってくる。〇一年のシニア世代が「健康」について語っていたのは、健康でありたいという願いとともに、健康でいられることに感謝しつつ、健康でないと自分が苦しいし、不快だから嫌だと感じるだけでなく、「他人に迷惑がかかる」から嫌だということであった。常に、自分の存在が人間関係にひらかれていて、その結果、健康であることも、人様に対する感謝とともに、その裏返しとしての恩返しへとつながるものであった。

しかし、〇七年のアンケート調査でとらえられるのは、多くのシニアが「健康」を自分自身の問題ととらえており、自由記述においては、他者や社会に対する感謝は見られず、むしろどのように健康を維持しているのか、その健康法を書いたものがほとんどであった。この意味では、「健康」はきわめて狭い個人の問題へと閉じられている。つまり、社会にひらかれて存在している自分を「健康」という側面からとらえて、自分の存在を社会的に感じ取ることで、感謝や恩返しという形で社会に還っていくという循環を形成することはなくなっていると考えられる。多くの回答者は、次のように語っている。

＊自分の体のことですから、家の中にとじこもるのでなく、元気に過ごせるよう、食べ物、運動など気をつけています。

＊体操、歩き一・〇～一・五km、素振り等を日課として先づ健康を念頭にして生活しているつもりです。

＊健康は人生の宝。毎日基礎訓練を欠かさない。歩行（約五キロ）、徒手体操、早寝早起き、過食を避ける。

＊健康であってこそ、人生も楽しく過ごせます。毎朝ラジオ体操、週二回は水中運動に通って体力維持につとめています。

＊くよくよしないよう。ストレスをためないよう。なるべく薬にたよらないこと。神経質なこと聞く耳もたない。

3　ボランティア・社会貢献に関する意識

では、「ボランティア・社会貢献」についての意識はどうであろうか。〇一年アンケートでは、ボランティア・社会貢献も、自分にできることをして、社会に恩返しをしたいという回答が多く、それ故に、責任を感じて、取り組んでいるという記述が多かった。またそうだからこそ、逆に、高齢で社会的に役立てないことに「申し訳ない」と感じている人もかなりの数に上っており、「ただおいてもらっているだけで、何もできなくて、申し訳なく思っています」という記述が散見された。

しかし、〇七年のアンケートからは、「健康」に関する意識同様、「ボランティア・社会貢献」についての、このような記述は皆無であった。むしろ、自分が行なっているボランティア活動について淡々と記述している印象であり、そこに恩返しや感謝という感じを探し出すことは困難である。あえていえば、人様や社会に対する感謝と恩返しというよりは、むしろ、自分にとってボランティアや社会貢献活動は、やっていて楽しいし、いろいろ勉強になるという文脈で語られているといった方がよい方に思われる。

恩返しや感謝という文脈でボランティアがとらえられるのではなく、もう少し気軽なもの、もう少し自分の生きがいなどとかかわる自分自身にとってのものという位置づけへと、ボランティアのとらえ方が移ってきているようである。つまり、ごく当たり前のこととして、ボランティアがとらえられているということである。

彼らは、たとえば、次のように記述している。

＊たいそうなことはしていませんが、趣味のお三味線と民謡で老人ホームの皆様に楽しんで頂いていますが、自分自身の上達のために頂いています。

＊定年後に習得した、庭木の仕事にチャレンジ中。人に、木にいろいろ教えられることが多い。

＊民生委員（地区会長、障害者部会会長）、遺族会副会長、祭り保存会会長、神社運営委員会会計。勉強になっている、生きがいに感じたり、負担に感じたり。
＊年金者組合に加入していてそこの係をしている。少しでもすべての人が安心して暮していけるように活動を続けたいと思っている。またその仲間と楽しい時間がすごしたいと思っている。
＊デイサービス入浴食事介護のお手伝で充実している。明日は、我が身と誠心誠意つとめる心がまえ。

4　仕事に関する意識

「仕事」についても、〇七年アンケートの結果は〇一年のそれとはかなり異なる意識が示されている。〇一年アンケートでは、「仕事」に強いこだわりをもっているシニアは、それが自分の生活や存在と切り離せないものであることを語っていた。つまり、「仕事」が他者や社会の中に位置づけられていることで、しっかり、きちんとやらなければ気が済まないし、仕事をした結果、人様から感謝されたり、自分のやったことに納得ができることをうれしく感じている、だからこそまた責任感や使命感をもって行なうという論理を書き連ねていたのである。

しかし、〇七年のアンケートに記されたのは、むしろ、仕事をしている自分や仕事の内容についての淡々とした記述である。そこでは、シニアは多くの仕事を続けているが、「仕事」は端的に自分自身のためのものであり、その仕事ができることをうれしく思い、充実感を得ているという論理である。「仕事」は社会的にひらかれていて、使命感・責任感を背負ってなされる、だからこそ自分の社会的な存在意義と切り離せないものということではなく、個人の判断で自分のために行なわれるものだという位置づけへと移行しているかのようである。

「仕事」に強い関心を抱いているシニアは、次のように記している。

＊毎日充実した気持ちで、とても一日が早く過ぎます。働くことがとても楽しいです。
＊何か一つ仕事を持っていると一日にハリができます。週に二、三日の四時間程度の仕事をしています。
＊月に二日と七日市役所へアルバイトにいく。手話通訳。現役の時と違って気持ちが楽であるが責任も感じやりがいがある。
＊会社多忙の時のみ、アルバイト勤務。健康とボケ防止の為にも続けられるだけ続けたい。又、仕事を通じて若い人達が何を考えているかも知りたい。又、いろんなことを教えたい。

5　家族に対する意識

○七年のアンケート回答者の、前記のような「健康」「ボランティア・社会貢献」「仕事」に対する単調な意識に比して、「家族」に対する気持ちにはかなり複雑なものがある。○一年のアンケートでは、一緒にいるのが当然でありながら、一旦考え始めると死別を考えなければならなくなるという意味で、配偶者をあえて強く意識しようとしないという傾向が見られた。それだからこそ、配偶者と一緒にいられる自分がそこにあることを感謝し、自分の命をつなげていく若い世代とともにいられることをうれしく思うという気持ちも表現されていた。自分の存在を、家族を通してとらえることで、自然に「感謝」という言葉が出、孫の誕生に際して、自分が恥ずかしくない生き方を示さなければという思いの表出へと結びついていくような、意識の構造をとらえることができた。いわば、家族の問題は、自分とは切っても切れない存在である配偶者の存在をめぐって、それを社会的な関係の中でとらえつつ、世代間の関係へと展開させていこうとするような、自分の存在のあり方にかかわる深い問題として示されていたのである。

それに対して、〇七年のアンケートでは、家族に対する様々な思いが綴られており、それが彼らが家族と結んでいる多様な関係を描き出すものでありながら、その関係のとらえ方は社会にひらかれているわけではないこと、むしろ、家族内部に閉じた形で、彼らがさまざまな関係を取り結んでいることが示されている。また、自分の存在を、家族を通してとらえるのではなく、自己を一方的に主張するような記述が多いように思われる。ここに、前回調査との大きな違いを認めることができる。

a　感謝・思いやり

家族に対する意識や感情の中で、数多く表明されていたのが、家族とくに配偶者に対する感謝や思いやりの言葉であった。それはまた、自分が健康でいられ、幸せに暮らしていられることを、家族に感謝するという形で、自分の存在が家族にひらかれていることを示すものでもあるように思われる。次のように語っている。

*息子夫婦と三人の子ども達（孫）の成長を楽しみにしながら、家庭円満である事の喜びを感謝して居ります。

*孫九人の温かいはげましの言葉、成長して後、二人への思いの電話等、本当に心から感謝して生活しています。

*男の子二人授り、各家庭を別に持っているがこれでもかというくらい親孝行してくれ感謝の毎日。

*お互いに「いたわり」の心を持って、毎日感謝の気持ちを忘れず無理をしないで生活できればと思います。

b　世話・面倒をかけたくない

また、家族に対しては、迷惑をかけたくないし、面倒をかけていることで申し訳ないという気持ちを抱いていることもうかがえる。回答者の少なくない人々が次のように記している。

*健康で余生を送り、子どもに世話をかけないように生活することを願います。

＊なるべく世話にならない様に心がけています。となりに息子がおります。

＊老夫婦が迷惑をかけないように。息子たち、孫には各々の人生がある。立入らないように。

＊息子夫婦と孫には毎日面倒をかけて大変申し訳なく思っています。外に出られない私に嫁は車椅子で散歩に連れていってくれます。本当にやさしく笑いのたえない家族に私は毎日手を合し（ママ）て感謝しています。

c　子ども世代へのまなざし・心配と自立志向

○七年のアンケートでは、子どもの生活には干渉しない、お互いに自立した、個別の存在だとして、突き放しつつ、尊重するかのような記述も目立った。そこにはまた、子育てを終えて、ゆっくりしたいという、自分の生活を大事にする価値観が垣間見える。シニア自身が「自立」という新たな価値を持ち始めていることの表れであるようにも思われる。

＊子供達は、自分の方針で生活しているのでとくに何も言わないようにし、人生経験を積むように傍から見ている。

＊子供達は皆それぞれ長男は土地つき家を建てましたが、私に来いといいますが、私も土地も家もあり、元気なときは一人の方がいいっていってます。

＊二人の男の子ですが、子供達は子供達で家庭のリズムが有りますので、子供達にはなるべく迷

惑をかけないようにこの先生活していけたらと思っています。
＊子ども（二人の息子）は独立・自立している。あとはジジババだけでゆっくりしたい。

d　孫への思い

〇一年のアンケートでも〇七年のアンケートでも多く表明されているのが、孫への特別な思いである。これは、孫と一緒にいられることの幸せから、孫が健康に成長することへの願いなど、シニア世代の人々が自分の命をつなげていく、自分が存在していたことを受け止めて、次の時代へと受け渡していく、そのような孫への暖かなまなざしが伝わってくる。

しかしまた、この孫への思いにおいても、〇一年アンケートで示されたような、孫が生まれたことで自分の人生が変わるだろうとか、自分ももっとしっかりとした生活をしなければというような、孫が存在することで自分を振り返るという視点からの記述は皆無であった。シニア世代の家族関係のとらえ方が変化しているようである。相手を通しての自己認識へと意識が展開していかないように見える。

＊孫の成人式まで生きたい。現在孫九才。
＊現在の異常ともいえる社会情勢に負けることなく生き、自分の将来設計を明確にし、子供の教育にも反映してほしい。貧しくてもいいから「心」と「身体」の健康な子供達であってほしい。

孫たちを同じように育ててほしい。

＊一人の孫娘の成長（中学二年）を楽しみにしている。

＊子供の孫が非常にしっかりしているので嬉しい。

e　家族内での役割

このほか、〇一年のアンケートとは異なる点として、「家族への思いをお聞かせ下さい」という設問に対して、家族内で自分がどのような役割を担っているのか、どのようなことをしているのかを書いたものが多く見られることである。「思い」を自分の役割に託していると解釈すべきだと思われるが、反面、「思い」というものが家族に向かわず、むしろ自己主張的な形で表明されているようにも思われる。

この意味では、家族内で自分をとらえるときに、家族の存在を通して、自分のありようをとらえるということではなく、むしろ一方的な自己の表出であることを示しているようにも見える。

＊別居はしていますが、仕事の休日の一日は嫁が保母を致していますので遅番の日は一日お手伝い（お勝手や中三の孫の塾やおけいこ事や医者通い等の送り迎え）をして便利が良いので喜ばれています。

＊妻と二人だから私が出来る家事も出来るだけ応援しています。息子二人と娘一人それぞれに家

庭を持ち、神奈川（藤沢）名古屋市内、長野（軽井沢）に住まい、絶えずコンタクトを重ね定期的に夫婦で訪問。

＊各自の個性をつかんでおりますのでお互いに非常識な言動は一切なく有りがたいと思って居ります。現在ひ孫五人近くに居りますので小学校のひ孫に空と海の不思議さをいろいろ話してやると結構関心を持って居ります。

＊共働きの娘の家庭を支えてきましたが、孫も小学生となりそろそろ私の役割りも終了でしょう。気持を通わせながらお互い自立して暮したいと思います。

6　広がらない社会的な関係、自己へと還らない相手の存在

以上、「人生で関心のあるもの」を取り上げ、シニア世代の人々の具体的な意識を把握しようと試みた。〇七年のアンケートにおいても、〇一年のアンケートと同様、シニアは多様な事柄に様々な関心と好奇心をもち、「健康」「趣味」「家族」「ボランティア・社会貢献」そして「仕事」に強い関心を示していること、そして、それらは、家族を基本とした人間関係の中でとらえられていることが明らかになった。

この意味で、シニアは、自分の存在を他者と結びつけてとらえようとしていること、つまり他者が存在していることで、自分がそこにあると認識していることが示されたと思われる。

しかし、反面、「（一）どのように生きてきたのか、どのように生きたいか」のまとめの部分でも

指摘したように、〇七年のアンケート調査では、自分が、社会への感謝と恩返しという形で社会的な関係へと開かれていくのではなく、感謝し活動することが、自分の楽しみという個人の問題へと収斂してしまうような、内向きな意識を示していることがとらえられた。本項の「人生で関心あるもの」においては、具体的な関心事を取り扱うことで、その傾向を一層はっきりととらえることができた。たとえば、「感謝」についていえば、自分がこれまで家族や知人そして社会の人様の支えによって生きてこられたがために、社会に感謝し、恩返しをしたいと願い、その思いが「健康」や「ボランティア・社会貢献」と結びつくことで、報恩の感覚や使命感を彼らに抱かせることはほとんどないということである。また、「家族」への思いについては、寂しいがために一緒にいたいということだけではない。たとえば、孫へのまなざしは、孫をもつ自分の身の処し方へと還ってくるような意識の循環を形成してはいない。むしろ、一方的な愛情や心配さらには期待の表出にとどまっているのである。孫への思いの表出が、自分はどうあるべきなのか、というところへと還ってこないという意識の構造があるように思われるのである。

このような意識のあり方は、子ども世代の生活を一見尊重するように見えて、他方で突き放し、自分たちの楽しみをより重んじる生き方をしようとするかのような記述に、より端的に示されているように見える。

〇七年アンケートに見られるシニア世代の意識の大きな特徴は、このある種の自己中心性であるといってよいし、そこから発する社会的な関係の範囲の狭さ、つまり感謝の対象が家族に限定されてしまい、その狭い家族内において、自分の気持ちが表出されることとなっているということである。

広がりのない人間関係とある種の自己中心性、これが今回のアンケートから見られる高齢者の意識の新たな特徴であるといってよい。

(三) 多様な学び——すでにいろいろ手をつけている

第三に、前述の関心事のうち大きなポイントを示している「趣味」とかかわる「学び」について訊ねた結果を概観する。

1 あれこれ楽しみつつ学んでいる

〇七年のアンケートから明らかになるシニアの生活の一端は、彼らが、とにかく多様な学びを展開しているということである。この積極性は、〇一年アンケートからはうかがえなかったことだといってよい。それほどまでに、彼らはあれこれいろいろ学んでいるのである。だからこそ、毎日が楽しいし、充実しているという反応が返ってきているのだと思われる。

しかし反面、ここでも、ある種の自己中心性が垣間見える。〇一年アンケートの「趣味」についての記述からは、以下のことがうかがえた。すなわち、趣味は端的に楽しいことであり、趣味を通して自分が変化していることに気づき、それがうれしいと受け止められていること。そこからうれしい自分を感じつつさらに深めていこうとすること。そうしているうちに、趣味を同じくしている人と仲間になり、さらに深まり、誰かに教えたくなること。「趣味」をめぐるシニア世代の意識は、常に人々との関係へと展開していくダイナミックな構造をもっていたのである。常に、自分の存在は趣味を通してでさえも、他者や社会を通して自分に還ってきながら、自分をさらに他者へと結びつけていこうとする、そういう意識の動きが見られたといってよい。ところが、○七年のアンケートからは、このようなシニア世代の意識の動きは見られず、自分が楽しいということの表出にとどまっている。たとえば、○一年のアンケートで見られたような、趣味を通してお友だちができます、人様に喜んでもらっています、仲間が増えてうれしいです、というような記述は皆無なのである。

以下、彼らが書いてくる「学び」を例示する。

＊書道…書を始めて（先生に習うようになって）一五年、○○社の会員になって、七○歳までには漢字、かな共、師範をとりたいと思っていました。なんとか希望がかないました。お茶、お花…友人が先生なので、わびを求め楽しんでいます。（一部伏せ字）

＊水墨画を先生に師事して三年間勉強しましたが、基礎的な筆遣いが、ほぼわかりましたので、現在は自学自習で楽しんでいます。

＊シルバーパソコン教室に通い、その後、自己流でメールの発信や文章の作成をしています。今後ブログにも挑戦したい。

＊オープンカレッジでワインについて、ワインを味わう楽しさ、勉強することの楽しさを感じて

いる。

＊今年から絵画、ボタニカルのカルチャー教室に月二回行っています。一つの絵が時間、手間をかければかけるほど、その答えが返ってきます。

＊絵画（水彩画）、ゴルフ、音楽（クラシック、演歌）、映画（スクリーン）、旅行（ヨーロッパ、東南アジア）好きなものに打ち込み時間を忘れます。

2　これから学びたいもの

では、これから学びたいものについては、どうだろうか。まず、これから学んでみたいものがあるかどうかを訊ねると図1－16のような結果であった。「ある」が六二パーセントと一見少なく見えるが、それは逆に、すでにいろいろなことをたくさん学んでいるので、新しく学ぶことを必要としていないし、またこれから新たに学ぼうとも思わないということなのではないかと思われる。

これから学びたいものがあると答えた人は、どのようなものを学びたいと考えているのであろうか。これも、千差万別、実に多様なものに興味・関心があることが示されている。きわめて強い好奇心と、積極性であるといってよい。

しかし、これもまた反面、学ぶことは自分を中心にとらえられており、自分を深めることで友人が増えたり、仲間に伝えていくこと、また学んだものを使って人様の役に立つことで、自分の学びが社会へとひらかれていくという感覚をもった記述は皆無であった。

彼らは次のように書いてきている。

＊油絵、日本画、英会話、楽器演奏、お料理、畑仕事（野菜作り）、旅行（中国、アメリカ、南米）

＊現在車椅子ダンス（フォークダンス）を実行しているが。今後社交ダンス（車椅子にて）のインストラクターの資格を取得したい。

＊料理。身体に良い食材を使って見た目に良く、おいしい料理が作りたいです。

＊陶器に関する事全般。特に土の香りのする温かい物を造って行きたいと思います。

＊写真を趣味にしているが、本格的に学びたい。他に川柳を勉強したいです。

＊大学で化学を学び、今となって中途半端であると思うから勉強をやり直したいという気持ちがある。

＊仏教の心経、念仏を現代の言葉で分かりやすく知りたい。

＊国内の地理は大半はわかって居るつもりですが、外国はそうは行きません。それと、中国などの仏教、仏像、寺院についてもう少し学びたい。

＊水墨画や短歌、川柳等。何を勉強するにしても、奥深いものがありますから、一朝一夕に身につくものではありません。根気よく探求心を持って、継続する以外に道は無いも

〈図1-16〉　これから学びたいものの有無

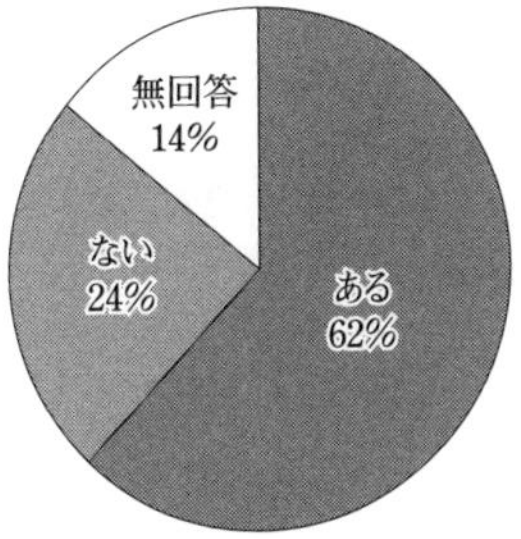

のと思います。

3　学びたい理由

このように多様な関心と強い好奇心をもって、様々なものを学びたいと意欲を示しているシニア世代であるが、その理由、つまりなぜそれらを学びたいのかを問うた回答は、以下のようなものである。なかには、家族や友人知人に楽しんでもらいたいなどと、自分の学びを他者との関係においてとらえようとする記述も見られるが、ほとんどは自分に即しての回答であった。この意味では、これまで「人生で関心のあること」「学びたいこと」などにおいて彼らが書いてきた自身の意見や意識からとらえることのできる、彼らの自己中心性は、ここにおいてもかなり明確な形で示されているととらえてよいと思われる。

＊若い頃、自分で編み物をして、自分の服を作った覚えがあるので、やって見たいと思って居ります。
＊老後の最大の敵は退屈だと思います。自分が夢中になれるものを持つ事が一番だと思います。
＊地図の勉強です。亦世界遺産をもっと知りたい。敦煌の莫高窟は行きました。次は大同の雲岡石窟です。
＊時代に遅れている感じを受けますが今更錆びた脳味噌を使う事が出来るか心配で機会がありま

したが習うところ迄行きませんでした。
＊人生死ぬ迄勉強と努力ですから。
＊ボーッとコタツの守りをしているより、マシかと思う。

（四）好奇心と自己中心性

二〇〇七年のアンケートからとらえられるシニア世代の意識は、二〇〇一年のアンケートのそれとはかなり異なったものであるように思われる。端的には、〇一年アンケートによる高齢者の意識が、「社会性と恩返し」という言葉で表現できるとすれば、〇七年のアンケートからとらえられる彼らの意識は「好奇心と自己中心性」とでもいうべきものである。

世代論として語ることは避けたいとも思うが、以下、この新たなシニアの意識の傾向を強く示している六五歳未満の回答者の回答傾向を、「どのような気持ちで過ごしてきたのか」「今後どのように過ごしたいか」という二点に絞って概観しておく。この世代は、〇一年アンケートでは対象とならなかった世代であり、また第一節で指摘したような社会的生産の第一線から退き、大量に地域社会に還ってくる団塊世代を含む世代であるため、彼らの意識が、今後、社会に与える影響には大きなものがあると思われるからである。

1　どのような気持ちで過ごしてきたのか

まず、「どのような気持ちで過ごしてきたのか」という点だが、既述のように、〇七年のアンケートからも、〇一年アンケートの結果と同様、社会や人様に感謝しているという記述が散見され、シニアはそれぞれの立ち位置から、家族や友人・知人そして社会との関係のなかに自分を置き、その関係のなかで自分をとらえることで、自分がそこにいられることを人様に感謝するという意識をもっていることが明らかになっている。

しかし、六五歳未満の回答者の記述を見てみると、このような社会に対する感謝の念という表現は消えてなくなり、替わって、自分の趣味や楽しみなど自分中心の記述が目立つようになる。それはまた、きわめて積極的な生き方であるように見えながらも、他方で、自己中心的な、自分を社会関係にひらいてとらえることをしない自己主張の記述であるようにも見える。

彼らは次のように書いている。

＊明るい気持ちで過ごすように心掛けています。
＊半日はパートで仕事をしています。後の半日は何かしたいと思いながら、毎日が過ぎてしまいます。
＊るんるん気分。
＊忙しい。農業は楽しい。
＊退職後の方が充実している。若干の自営業とボランティア活動と市政リセット運動と多趣味。
＊今を精いっぱい生きて、自分でできることは自分の力でやれることが倖せだと思っている。

*派遣社員にて週三~四日勤務しており、その金で次の旅行はどこへ行こうかと考えている。

2　今後どのように過ごしたいか

では、六五歳未満のシニアは「今後どのように過ごしたい」と考えているのであろうか。今後のあり方についても、きわめて積極的であり、好奇心旺盛でありながら、反面で自己中心性は免れず、自分の生活のあり方が社会へとひらかれていかない傾向をもっているようである。

彼らは次のように語っている。


*上を見ないで自分にあったライフスタイルでゆったりと自然に合った生活。

*常に平常心で過ごしたいと考えていますがなかなか難しいものです。理想ですが平常心で今を大切に生きたいと思います。

*旅行など一人参加が多いが出来るだけ海外へも国内へも出かけ楽しんで生きたい。

*少しは仕事をしてだんな様となかよく旅行に行きたい。

*今のままで良いです。ウォーキングが好きです。毎週近場をウォーキングします。楽しいです。

*残りすくない人生を相手をGETして(ワキアイアイ)話していっしょに(アソビ)に出かけたり小旅行したいです。

*年金をもらいながら一日を楽しく過ごしてゆけばよいと思っております。

四　社会関係的存在から自律的アクターへの転換

以上、筆者がかかわったシニア世代に関する事業において行なわれたアンケートから、二〇〇一年と二〇〇七年の調査を取り上げて、シニア世代の意識をとらえようと試みた。その結果、次のことが明らかとなった。〇一年の時点でのシニアの意識は、自らを家族、友人・知人そして社会との関係のなかに置き、自分がこれまで生きてこられてここに在ることに対して、自分とその関係を形成している人々に感謝しており、その感謝から、恩返し・人様に迷惑をかけない、という生き方が導かれているということであった。また、そのような生き方ができない場合に「申し訳ない」という他者への自己表出が行なわれてもいた。

〇一年のアンケート調査で明らかとなったのは、シニア世代が自分を社会的・世代的な存在としてひらきつつ、他者の存在を前提として自分をとらえようとしているということであり、自分は社会的関係によって規定された存在として意識されているということである。それはまた、彼らが自分を他者からの承認関係においてとらえようとしているということでもある。依存的でありながら、その依存的であることを通して、社会的な責任や使命感が生まれてくるという存在のあり方が示されていたといってよい。

それに対して、〇七年のアンケートから明らかとなったのは、シニアが自分の存在を、他者との関係においてとらえようとする傾向を残しつつも、むしろ、自分そのものを強く社会へと押し出していこうとするような存在のあり方を示しているということである。それはまた、アンケートの自由記述に書かれた語り口によっても強く示されているものでもある。〇一年アンケートにおけるシニアの語り口は、遠慮がちに自分の存在を社会的な関係の中でとらえつつ、自分がお役に立てること、何か恩返しできることに、自分の尊厳と生きがい、そして喜びを見出そうとするものであった。それ故に、彼らは、自分には何もできませんが、お役に立てるのなら幸い、という語り方を示しており、それが自分の存在へと還ってくることに、心地よさを感じているかのようであった。

しかし、〇七年アンケートの彼らは、ある意味で一方的に自分を語り、家族を語り、趣味を語り、ボランティアを語っているが、そこに、他者を通した自分へと還ってくる自己認識や、自分には何もできないが、人の役に立てるのであればうれしいという、ある種の謙遜の気持ちというものの表出はほとんどない。そこでとらえられるのは、社会的な事物への強い好奇心と、自分への強い関心、そして積極的に前へ前進しようとする強い自律性と自立志向である。

これらの意味では、〇一年アンケートによってとらえられたシニア世代の意識は、相互依存的・社会関係的であり、その存在は相互承認によって自分の存在を得ようとするような他者との関係に生きていることを特徴としていた。これに対して、〇七年アンケートで示されるシニアの意識は、自己主張的・自律的であり、その存在は対象や目標に向かって前進し、強い好奇心をもって、自立を志向するもの、あらゆる活動や学習はすべて自分のためであるという自己中心性を特徴としているといってよいであろう。

そして、そのどちらもが、自分の尊厳と深く関わっているのである。〇一年アンケートのシニアは、他者との関係における相互承認によって自分の社会的・世代的位置を獲得し、自分が生きてきたことの証を残そうとするかのような記述を重ねていた。これに対し、〇七年アンケートの彼らは、自分が積極的に対象に働きかけ、自分をさらに向上させていくことで、自分に対する満足度を高めようとするかのような強い好奇心と自立心・向上心を示すような記述を重ねているのである。

ここにおいて私たちが見なければならないのは、シニア世代の存在のありようの変化とともに、彼らの存在の根拠であるべき尊厳のあり方が、社会関係依存的なものから自律的なアクターとしてのものへと移行しているということであろう。ここには、二つのアンケートの対象となったシニアの生きてきた時代背景が関係していると見ることもできよう。〇一年アンケートの対象者が生きてきた時代は、日本の製造業の発展、高度経済成長を基本とする経済発展の時代であった。これに対して、〇七年アンケートの対象者に含まれるであろう、団塊の世代を中心とした新たなシニア世代が生きてきた時代は、高度経済成長から安定成長へと展開し、製造業ではなく、サービス業が、生産ではなく消費が社会を牽引する時代であった。〇七年アンケートの対象者には、その時代に社会の第一線で活躍した人々の比率が高くなっているものと思われる。

この意味では、今後、シニア世代の人々のもつ意識はむしろ消費社会に対応するような、個別で、自立的で、あらゆることに強い好奇心を示しながら、自らが社会的なアクターとして動き回ることで、自分が充実していく感じを味わうことを求める、このようなものへと移行していくものと思われる。

シニア世代は、社会関係に規定されて他者から承認を受けることで自己を生かしていこうとすることから、自ら社会に働きかけ、自分の満足を得ようとすることで、社会に影響力を及ぼしていく、いわば社会的な能動的アクターへと移行してきているのである。このシニア自身のあり方の転換をどうとらえるのか、生涯学習行政にとって、重い意味をもっているように思われる。なぜなら、彼ら、彼女らシニアのあり方は、基礎自治体においてシニア世代をどのように受け止め、彼らの地域コミュニティへの参加を促しつつ、住民がより住みよい地域コミュニティをどのように作り上げていくのかということと密接にかかわっているからである。

注

（1）ただし、本法律は一九九六年に改定されて「母体保護法」となり、優生思想にもとづく条文が削除された。

（2）牧野篤『高齢社会の新しいコミュニティ——尊厳・生きがい・社会貢献ベースの市場社会を求めて』、名古屋大学大学院教育発達科学研究科社会・生涯教育学研究室／ひと循環型社会支援機構、二〇〇二年。

（3）牧野篤「高齢社会におけるまちづくりと生涯学習——「いきいき刈谷プロジェクト」と中心市街地活性化の初歩的取り組みについての報告」、名古屋大学大学院教育発達科学研究科社会・生涯教

育学研究室『社会教育研究年報』第一七号、二〇〇三年。
（4）牧野篤、前掲、『高齢社会の新しいコミュニティ——尊厳・生きがい・社会貢献ベースの市場社会を求めて』。
（5）牧野篤、前掲、「高齢社会におけるまちづくりと生涯学習——「いきいき刈谷プロジェクト」と中心市街地活性化の初歩的取り組みについての報告」。

第二章　シニア世代の学びと高齢者大学
——福祉と教育のはざまで

一　「高齢者大学」を見る視点

日本社会は急速に進む少子高齢化の波に翻弄されているかのように見える。とくに、「二〇〇七年問題」と称される大量定年退職を迎える戦後ベビーブーマーたちいわゆる団塊の世代と彼らを迎える地域社会、この双方がどうしてよいのか戸惑い、方向性を見失っているかのようである。

日本の高齢化率は、二〇〇七年にすでに二一・五パーセントに達し、今後、二〇五〇年には四〇パーセント近くにまで上昇して、高原状態に入ることが予測されている。しかも日本の高齢化は、従来の高齢化・人口減少モデルであった西ヨーロッパ諸国のそれとは異なり、急激な少子化に見舞われることで急激な高齢化が進展し、その結果、急激な人口減少が招かれるところに特徴がある。

現在、一億二七〇〇〇万人ほどの人口をもつ日本社会は、すでに二〇〇五年より人口減少期に入っており、現在の予測によれば、総人口は二〇五〇年には八〇〇〇〇万人台に、そして二一〇〇年には四〇〇〇万人台にまで減少するという。

このような予測を背景として、日本社会には危機論が充満している。経済は衰退し、税収が不足して、社会保障制度の維持が困難となり、老齢年金が破綻し、福祉社会の維持ができなくなる。このようなシナリオが喧伝され、社会の危機意識を煽りつつ、増税と大企業優遇の政策が採用され、かつ社会の統合を解除するかのような新自由主義的な政策が導入されて、経済的な階層格差の拡大が容認されていく。少子高齢社会化の急激な進展により、政府が公的に国民生活を保護できなくなっている以上、個人の自己責任で自分の生活を何とかする必要があるというのである。こうして、社会は二極分解し、それがさらに少子化、つまり急激な高齢化と人口減少に拍車をかけるという構造が日本社会にできあがっていくことになる。だが、少子高齢化を招いた背景に目を転じてみると、第一章第一節で述べたように、日本の社会は、衛生状態、栄養状態もよく、安全で、医療も発達しており、生まれた子どもは成人することがほとんど疑いのない社会であり、かつ人々の平均余命が八〇歳と極めて高い豊かな社会であることは疑い得ない。

ところが、このような豊かで安全な社会にあって、私たちは希望をもてなくなっているのも事実である。私たちは、実体経済を中心として、物質的な生活の豊かな社会をつくり出すことに成功した。それは、モノをつくり、金銭に代表される価値が拡大することをよしとする価値を持った社会である。しかし、私たちはいまや、この拡大することを価値とする社会から次の社会へと移行しようとしているにもかかわらず、いまだに、この実体経済を基本とした規模の経済の価値観から抜け出すことができないままでいる。それが、人々の将来への不安をかき立て、いきおいきわめて利己主義的な新自由主義の自己責任論が社会に蔓延する原因となっている。

いまここで、考えなければならないのは、実体経済つまり量の経済から質の経済へと転換が始まった今日の日本社会において、人々が豊かに、満足して生きるとはどういうことなのかを問いながら、新たな社会的な価値観を生み出し、人々が幸せに生きられる社会を実現する方途をいかにしてつくり出すのかということである。ここで、結論を先取りしていえば、鍵は、これから社会の一大勢力となるシニア世代のあり方にあると考えられる。つまり、高齢者がいかに社会的な新たなアクターとして、社会の経済的な負荷を減らしつつ、満足して幸せに生を全うすることができるか、ということが、社会全体の新たな価値観と人々の新たな生き方を生み出すために必要なことだということである。それはまた、シニア世代が社会的なアクターとして、彼らが満足して生きることが、社会のために一肌脱いでいることになっているような生き方をつくり出すことでもある。

本章では、シニア世代のこうした新たな生き方をつくり出す上で、大きな影響力を持っていると思われるシニア世代の学びの場、なかでも政府の高齢者事業として奨励され、日本国内の多くの自治体で、大小かかわらず展開されているいわゆる高齢者大学について、その歴史と実態、いくつかの具体的な事例を取り上げつつ、高齢者大学の果たしている役割と課題、今後の展望などを考察することとしたい。

なお、一般に高齢者大学と呼ばれる活動や施設は、様々な呼称をもつものとして展開している。たとえば、老人大学、高年大学、高齢者大学、シルバーカレッジ、シニアカレッジ、長寿大学、さらには事業実施主体の自治体の名を冠した○○カレッジ、また縁起のよい言葉を冠した△△大学（たとえば、寿大学、寿カレッジ、いきいきカレッジなど）と、多種多様のものがある。しかし、実践としてかなり類似しているものであるため、本書では、一括して、高齢者大学と呼称することとする。

二　シニア世代の価値観

（一）「つながり」への希求

高齢者大学のあり方を考えるためには、先ず、シニア世代がどのような価値観を持ち、どのような学習ニーズを有しているのか、そして、それらが彼らの存在や生き方とどのような関係を形成しているのかを検討する必要がある。なぜなら、シニア世代自身の存在のあり方と生き方から高齢者大学という営みがとらえられることで、その存在意義や役割に対して正当な評価を下すことができると考えられるからである。

堀薫夫はシニア世代の学習ニーズに関する調査にもとづいて、次のように述べている。「筆者は、

〈表2-1〉「つながり」を軸とした高齢者の学習ニーズ

ニーズ	つながりの方向	意味するもの	学習の事例
親和的ニーズ	他者	人間関係の充実化そのものが目的になる	他の高齢者などとの交流活動
ライフ・レヴューへのニーズ	過去	自分の過去をふり返り、その意味と統合感を得る	ライフ・レヴュー活動
超越へのニーズ	未来	身体能力の低下や余命の減少という制約条件を乗り越えたい	古典・歴史・文学・芸術などとのふれあい
社会変化への対応へのニーズ	当該社会	急激な社会変動に遅れないようにしていきたい	時事問題、ボランティア活動
異世代交流へのニーズ	異世代	次世代と交流し、自分の経験や知識を伝えていきたい	異世代交流活動

（堀薫夫「高齢者の学習ニーズに関する調査研究：60代と70代以上との比較を中心に」、堀薫夫編著『教育老年学の展開』、学文社、2006年（第6章）、p. 124）

高齢者の学習ニーズの特徴を「つながり」という概念のもとに説明を試みてきた。というのは、高齢期には喪失の事実（生理的機能の低下、退職、子離れ、親しい人との離死別など）がより顕著になるとともに、人生の有限性の自覚がより現実的になるという実存的特徴があり、この高齢者特有の実存的状況が「つながり」へのニーズを生むと考えるからである。このつながりには、過去とのつながり・未来とのつながり（あるいは悠久なものとのつながり）・社会とのつながり・他者とのつながり・異世代（次世代）とのつながりという側面が考えられるが、それぞれの位相において独自の学習展開方法があると考えられる(1)」。

堀はこれを整理して、表2－1に示されるような表にまとめている(2)。

また、堀は、このシニアの学習ニーズを年齢階層別に調査し、「つながり」を求める学習ニーズは質問項目の「ほとんどにおいて、六〇代よりも七〇代以上の者のほうに学習要求率が高いことが示された」[3]という。そして、堀はこれを高齢者の実存的な問題の表れであるととらえ、「高齢者の学習ニーズは、エイジングの進行にともない、……「つながり」において先鋭化する」のだと指摘する。[4]

このような堀の調査結果とそれに基づく見解は、筆者のシニア世代に対するセミナー事業の実践とそこから導かれる知見とも、ある程度合致する。筆者は、岐阜市内で企業退職者を主たる対象としたセミナー活動、自主グループの形成と活動の促進、さらに社会貢献活動への展開を支援するプログラムを二〇〇一年より継続している。[5]このプログラムにおけるアンケート調査と実践記録からは、シニアの学習ニーズの基礎となる関心事は、基本的に「健康」「社会貢献・ボランティア」「趣味」「仕事」「家族」の五つの領域でとらえることができ、その各領域におけるシニア世代の意識を貫くものとして「つながり」というテーマが存在していることがわかっている。[6]それは、自分が人として他者と結びついていることの感覚と、人間としての尊厳、生きがい、社会貢献への思いとが還流しているということである。[7]この意識については、第一章で詳しく取り上げているので、ここでは重複を避けるため、シニア世代の意識の概要を記すにとどめておく。詳しくは、第一章を参照されたい。

(二) シニア世代の関心事の構造

1 「健康」を求める意識

「健康」は、シニア世代にとってきわめて切実なものと受け止められ、関心が高い。しかし、それは、単に健康そのものとして意識されているのではない。彼らは、自分が家族や友人・知人そして社会の見知らぬ人々の「おかげ」で生かされて存在していることへの感謝の気持ちとそこから発する迷惑をかけたくないという気持ち、そしてその他者との間に生かされて在る自分を感じ取ることで、自分の人間としての尊厳を思い、他者の幸せを願う、そのことの営みにおいて、「健康」を意識しているのであった。

2 「社会貢献・ボランティア」と重層的ネットワーク

「社会貢献・ボランティア」にもきわめて高い関心が示されていた。この「社会貢献・ボランティア」に関する自由記述からは、シニア世代が多様で重層的な人的ネットワークのなかで生活し、そのネットワーク相互の間を軽やかに移動しながら、自分の社会的な役割を感じ取り、人生を楽しんでいることがうかがえる。それはまた、自分の存在がそのネットワークのなかで他者と相互に認め合うものとしてあり、肩肘張るのではないが強い責任感と倫理観に支えられた生きがいとしての社会貢献がもたらされていることを示している。

3 「趣味」の楽しみの構造

「趣味」に対する意識も高い。それは第一義的に楽しいからであり、それが健康に結びつき、友だちに結びついているからであった。「趣味」は、それそのものとしてきわめることで自分が高まることを実感でき、自分自身の存在をその中に見出すものとしてある。その上で、それは、自分を他者へと結びつけ、自分を社会的かつ世代的にひらいていくことにつながるが故に、生きがいへと結びついていくものでもあった。

4 「仕事」と責任感・倫理観

「仕事」も「趣味」と同様に、自分を社会的・世代的にひらいていくものとしてある。しかし、「趣味」と決定的に異なるのは、それがそれまでのシニア世代の人々一人ひとりの生き方そのものの延長にあるということである。その意味で、「仕事」は社会的・集団的に強い責任をともなうものとしてあり続けている。「仕事」は自分そのものであり、自分の社会的・歴史的な役割や責務であるために、「天職」なのであり、生きがいでもあって、自己の存在証明でもあるととらえられているのである。

5 「家族」への複雑な思い

「家族」については、その家族が自分と切り離し難く存在していることにおいて、きわめて切実に意識されている。そして、彼らは自分の存在と重なっているその人が自分から離れていかざるを得ず、自分もその人から離れていかざるを得ない現実を受け入れることを強要されて戸惑い、うろたえている。だからこそ、彼らは子ども世帯との同居を望み、孫の世話をできることに幸せを感じ、自分の存在を確認しているように見える。

(三) 結びついていること

自分の存在が社会的・世代的に他者と結びついていることによって、自分の存在を位置づけ、感じ取ること、それが自分の人間としての尊厳や生きがい、そして社会貢献への思い・意欲へとつながり、それらが自分を社会的にまた世代を通して他者と結びつけていく、この循環ができているのが、シニア世代の意識だといえる。この意識は、何かモノを所有することで満たされるのではなく、自分の存在そのものが自分と他者によって承認され、受け入れられることで自分が満たされる存在欲求そのものである。ここに、彼ら自身の新たな生き方の鍵が存在している。

この彼らの新しい生き方は、分業を基本とする産業社会の所有欲求を乗り越え、自らの存在が生きていることそのものであり、自らの生活が生きていることそのものであり、自らの労働が生きていることそのものであるような十全感を、生きていることに求めることへとつながる。それは、モノをもつことに幸せを感じる生き方ではなく、人とつながっていることに幸せを感じる生き方を選択するということだといえる。

シニア世代の意識は、堀のいう「つながり」が、過去・他者・未来・悠久・超越などに、分析上は分類され得るものであり、その分析を通して、実存的に先鋭化するものであるととらえられはする。しかし、それはむしろ、堀もいうように「狭く限定された自我をのりこえるというニーズであり、新たな『つながり』へのニーズ」でもある。(8) さらにまた、それは、彼らが生きてきた人間関係において獲得される自己への視点と、そこから導かれる他者との間に息づいている自己という相互性の実存へと統合されるものであるといってよい(9)。

しかもまた、第一章で述べたように、このような「つながり」を基本としたシニア世代の意識は、団塊の世代を中心とする次の世代への移行にともなって、強い好奇心と自立・自律への志向へと傾き、自分を社会的な新しい能動的アクターへと位置づけようとするかのような展開を示している。いわば、自ら新たなつながりをつけていくことで、その実存を獲得しようとするかのような動きを見せているのである。

そして、このようなシニア世代の人生に対する意識や価値観は、キャリア教育の分野でホイトのいう「働くこと」そのものが人生において意味づいてくるという自己実現の姿を、そのまま彼ら自身の言葉によって語っているものといってよいであろう。たとえば、ホイトは次のように語っている。少々長くなるが、引用する(10)。


私が用いた「働くこと（work）」を正しく理解していただくためには、次のような関連概念の理解が必要である。

1. キャリア教育は、教育関係者のみによってなされるものではなく、社会全体の運動である。
2. 働くことを重んずる社会においては、有給にせよ、無給にせよ、すべての人々が働きたいと願っている。
3. 自分のなにがしかの行動は自分だけのためになっているのではなく、他の誰かから望まれてもいるという事実を知り、行動に移し、それを達成したいと願う人間の欲求を示す事例が「働くこと」であり、キャリア教育はこの理解を前提とするものである。

4. 私たちは、有給・無給の別を問わず、生涯にわたる「働くこと」を通して、自分自身に対しても、他者に対しても、自分を最もよく表現することができる。

5. 「働くこと」をめぐる価値観については、人はそれぞれの個人的価値観に最もふさわしいものとして選択して内面化する。

6. 「働くこと」が可能な状態となるには、それをめぐる選択に必要なキャリア・スキルの獲得がなされていなくてはならない。

7. 「働くこと」に意義を持たせるためには、自分自身の「働き」が、自分自身に対しても社会全体に対しても利益をもたらしているという重要な事実について理解する必要がある。

8. 「働くこと」から満足を得るためには、働いた結果として得られる感覚を心地よいと感じる必要がある。

「働くこと」が社会的な関係の中でとらえられ、それがその人個人の社会的な意義と存在価値につながるという関わりの中で意味づけられていることは明白であろう。

そのような社会的な関係の中で自己の存在意義をとらえることができるが故に、その社会は、働くことを人々が尊重する社会なのである。その社会では、人々が働くということは、単に自分のためだけにカネを儲けるというような利己的な行為ではない。働くとは、自分のためつまり自分の社会的な存在意義を獲得するために行なうことが社会のためにもなるという循環の過程において、自己を実現しつつ社会をよりよく形成していく、その過程にかかわっている自分を感じ取ることができるということであるといえる。だからこそ、人々は金銭的な報酬の有無にかかわらず、働きたいと願う、そういう社会が実現すると、ホイトはいうのであろう。

(四)「自己の永遠化」へ

このようなシニア世代の意識・価値観は、端的には、社会の人間関係の中で生きてこられた、つまり人様のおかげで生きてこられた自分を感じ取るということである。それはまた、ここに生きていられる自分のあり方を、人との関わりにおいて確認し、感謝するということに始まる、自己確認の姿である。自分という存在を、他者との関係にひらき、自分と他者との間で相互承認関係をつくりだして、自分の存在欲求を満たすだけではなく、自分が次の世代にかかわることで、自分の存在を次へとつなげていきたいという欲求に定礎された、自己確認の営みでもあるといえる。

それは、自分が生きていることの証を同時代において確認するだけではなく、次の世代においても確認しておいて欲しいという、自分に還ってくる確認の作業である。と同時に、その社会的な広がりと世代的な連続性において、自分が中心的な地位を占め、生きていることを強く感じ取り、確認したいという、自己実現への欲求でもある。自分は常に同時代的にも世代的にも、人様との関係の中で生かされて在り、そうだからこそ、他者に対して「働くこと」ができ、その「働くこと」が人様からの認知を得ることにつながり、それがさらに自分を社会に生かしていくことにつながるという感覚である。これが、彼らのいう「感謝」「恩返し」「お互いさま」ということの意味だといえる。

この感覚は、彼らシニア世代がホイトのいう意味での「働くこと」をいまだに続けており、「自己実現的な発達」をし続けているということに他ならない。この意味では、彼らシニア世代の意識には、つねに現実にいきいきと生き、人生のキャリアを、他者との関係の中でつくり続けている自分の実存が息づいているのである。それはまた、自分を社会的・世代間的に位置づけ、生かしていこうとする、いわば「自己の永遠化」の作業そのものなのだといえる。

このように見てくると、堀の次のような指摘は、極めて妥当なものであるといえ、それはまた、シニア世代に対する教育の重要な一翼を担っている高齢者大学のあり方を問う基本的な視点ともなるものと思われる。堀は次のようにいっている。「これらの結果は、高齢者の学習支援論において新しい課題を提起しているともいえる。そのひとつは、後期高齢期のものにとっての学びの特徴と学習援助のあり方への示唆である。」「第二の課題は、かりに高齢者のつながりへのニーズを組織化することが、高齢者支援事業の大きな軸であったとしても、福祉や保護概念に解消されえない教育・学習の独自性とは何なのかという問題である(11)」。

高齢者支援事業を教育の分野としてとらえること、つまりシニア世代の実存にかかわる自己実現の課題を、彼らのもつ他者との人間関係すなわち社会的な関係の中においてとらえ、支援することこそが、高齢者教育への評価軸とならなければならないのである。

三　高齢者大学の位置づけと歴史

（一）高齢者教育の行政的位置づけ

前述のような基本的な視点から高齢者大学を見てみると、それは必ずしも教育的な配慮から開設され、運営されているものとはいえない側面が多分にあるといわざるを得ない。否、むしろ、日本における高齢者教育そのものが、教育・学習の領域として自律的な地位を獲得し得ているのかといえば、はなはだ心許ないといわざるを得ないのが現実なのである。

たとえば、文部科学省の『平成一七年度文部科学白書』には次のように書かれている。「急速に進展する高齢化に対応し、今後、我が国が活力ある高齢社会への円滑な移行を図るためには、高齢者に適切な学習機会を提供するとともに、ボランティア活動など社会参加活動を促進することが重要です。／このため、従来から、高齢者に生きがいのある充実した生活を実現することができるよう、公民館をはじめとする社会教育施設などを拠点として、高齢者の学習要求に応じた各種の学級・講座の開設や世代間交流などの事業が実施されています。(12)」

この白書の文言からもわかるように、高齢者教育は社会教育・生涯学習活動の一環として位置づけられつつも、それはシニア世代の実存にかかわる、つまりシニア一人ひとりをこの社会で他者との関係において生きる主体として位置づけ、その生の充実を支援するということよりは、ある種の社会適応的なスタンスからの支援にとどまっているといえる。そして、それは、今日の各自治体で行なわれている高齢者学級のはじめから、高齢者教育に抱え込まされた性格でもあった。

日本において高齢者教育が行政的に位置づけられたのは、一九六五年から七〇年にかけて文部省によって行なわれた「高齢者学級」開設の委嘱事業であったと考えられる。文部省は、一九六五年に各都道府県ごとに平均二カ所の市町村を選び、高齢者学級の開設を委嘱し、その費用の一部を助成することとした。この事業は一九七〇年まで五年間継続された後、その経験をもとに、七三年より、全国各基礎自治体で高齢者教室の開設・運営を促進することが目的とされていた。

ある市の公民館の記録には次のように記されている。「昭和42年、文部省委嘱によって、邑知地区での高齢者学級が実施されました。趣旨は、『高齢者人口の増加に伴い、高齢者に対して、急速な社会の進展に適応するために必要な教養、生活技術等を取得させること。』となっていました。」(13)

ある種、一九六五年にパリで開かれたユネスコ成人教育推進会議に提出されたラングランのワーキングペーパーの冒頭の言葉「教育は児童期、青年期で停止するものではない。それは、人間が生きている限りつづけられるべきである。」を先取りしながら、後の彼の生涯教育論に見られるように、急激な社会変化に対応して、人々（高齢者）(14)が自らを教育によって向上させ、彼らが自分の人生を決定して、社会変化に適応することの重要性が説かれている。この高齢者学級に求められたのは、次のような条件であった。「委嘱の条件として、／〇高齢者に必要な家庭生活、社会生活に役立つ教養・知識・技能などを効果的に編成すること。／〇学習時間を年間二〇時間以上（レクリエーション等を除く）とすること。／参加者はおおむね六〇歳以上の高齢者であること。……であった。」(15)

このような高齢者学級の社会適応主義的な観点と高度経済成長期という経済状況がもたらしていた社会のシニア世代へのまなざしや位置づけが相互に重なり合うことで、実際の高齢者教育の現場では、極めて実用的かつ趣味的つまり慰安的な性格をもった教室が開かれていた。規模の拡大、進歩・発展をよいものとする価値観に支配された当時の社会において、シニア世代に対しては、生産の第一線を退き、すでに役割を終えた一群の人々という見方を基礎として、変化の激しい社会で生きていくための適応的な支援を与える必要があるととらえられていたのである。事実、既述引用の公民館の実践についても、次のように記録されている。「学習課目としては、老人福祉（講師：市福祉事務所長）、交通戦争（講師：羽咋警察署長）、老人の健康と病気（講師：羽咋保健所長）、最近の社会情勢（講師：北国新聞主筆）、ガンと老人病（講師：国立金沢病院）など」(16)。

そして、このような観点から学級が実施されているのであれば、そこにはシニア一人ひとりを社会的な関係に生きる主体へと育成しようとする観点は存在し得ず、むしろ彼らをいわば「お客さん」として位置づけ、教室を措置するという性格が強かったものと思われる。その結果、この文部省の委嘱事業の後にも「この学級を契機として、補助の有無にかかわらず、継続して実施することになりました(17)」とされ、長寿学級に改名して継続されていたが、途中から教室ではなく、「長寿会（注：老人クラブ）の理事会などに兼ねて行われ、その内容も寺の住職の講話がほとんどとなりました(18)」という。

このように見てくると、堀のいうように「もともと老人大学は、……小さな地域の高齢者たちの生活と密接に結びついたものであった」。「しかし、今日興隆してきている老人大学は、……都道府県レベルの広域的老人大学なのである。その意味では、近所の高齢者たちが、顔をつきあわせて自分たちの地域の問題を学ぶ場としての老人大学の機能は弱まっているのかもしれない(19)」と、シニア世代の日常生活の行動範囲内で行なわれたいわゆる地域密着型の「老人大学」つまり高齢者学級を評価することは、無理のある側面があるといえる。高齢者学級は、それが文部省の委嘱を受けて行われた教育事業であったとしても、その実態は、教えるという行為のみの福祉的措置による社会適応、すなわち慰安という色彩の強いものであったのではないだろうか。

このことは、高齢者学級が、当初から社会福祉領域の老人クラブや老人会の組織・活動と密接な関係のもとで、ある種の動員行政の一環として行なわれていたことと無縁ではないと思われる。むしろ高齢者学級は、教育ではなく、教育的な措置であるととらえられていたために、福祉を通した動員として行なわれ、補助金の獲得のために実績づくりが優先され、その後、補助金の打ち切りとともに消えていく運命にあったものと考えた方が妥当であるように見える。

(二) 高齢者大学の歴史的経緯

1 先行研究の傾向

では、高齢者大学はどのように生まれ、どのように発展し、また変容して、今日に至っているのであろうか。以下、その歴史を概観する。

従来の高齢者教育に関する研究においては、その現状と課題についての指摘および解決のあり方についての検討はなされてきているが、その歴史的な展開についての研究は、紹介を含めて、ほとんどなされていない。高齢者が「問題」ととらえられてきたからか、また政策的な対応の必要が強く意識されてきたからか、高齢者教育については、現状の分析とそこから析出された「問題」への対処、あるべき姿の模索がこれまでの研究の主流であり、歴史的にどのような経緯を経て、現在に至っているのか、その過程でどのような実践が生まれては消え、今日のような高齢者教育の形となっているのかについて、説得的な分析を行なったものは、筆者管見の限りでは見あたらない[20]。

たとえば、川口弘・川上則道『高齢化社会は本当に危機か[21]』、またその派生型であるといってよい清家篤『エイジフリー社会を生きる[22]』などは、高齢社会を「問題」とする観点に対して、それを肯定的にとらえかえそうとする「問題」への「対処」を説くものであり、一定の積極性をもっている。しかし、基本的な枠組みは高齢社会を「問題」と見なす観点を共有するものであり、そこでは高齢化の現状と今後が課題となり、過去の推移やその要因についてはほとんど触れられていない。

また、高齢者教育については、生涯教育・生涯学習の視点からそれをとらえようとしたものが見られる。しかし、たとえば室俊司・大橋謙策共編『高齢化社会と教育』[23]、瀬沼克彰『高齢社会の生涯教育』[24]、また国立教育研究所の調査研究[25]も、高齢化または高齢社会を「問題」と見なし、かつ高齢者教育の現状と課題を析出し、さらに将来のあるべき姿を提案することに重点がおかれている。高齢者教育の歴史を掘り起こしつつ、なぜそれらがこれら先行研究が扱うような現状となり、課題を抱えているのかについて、その要因や原因を析出するという視点は極めて弱いといわざるを得ない。それは、これら先行研究が、高齢化・高齢社会を「問題」であるととらえ、かつそれを社会的・政策的な「対策」の対象としようとするという、いわば「福祉的」な観点から高齢者教育をとらえようとしているからであると思われる。

また、シニア世代に対する教育を教育学的な視点からとらえようとしてきた堀薫夫も、その著作『教育老年学の構想――エイジングと生涯学習』[26]では、「老い」そのものに対する強い関心から、教育老年学を構想しようとするスタンスを採用しており、エイジングの歴史については触れられていても、日本における高齢者教育の歴史については触れてはいない。また、堀の研究室が行なった調査研究報告書『都市型老人大学受講者の実態と意識に関する調査研究』[27]においては高齢者教育事業の歴史が概観され、また『教育老年学の構想』の後継書にあたる『教育老年学の展開』[28]において、ようやく老年学の実践として「老人大学」が取り上げられ、その若干の歴史が触れられるが、どちらも日本における高齢者教育を十分にレビューしているものとはいえない。堀の論理もむしろ「対策」を提示することに重点が置かれ、かつその「対策」を支える高齢者教育理論を構築することに強い関心が払われているかのようである。

以下、先行研究の記述の断片を構成し直しながら、なぜ日本の高齢者大学が以上のような位置づけを与えられることになったのか、またなぜ日本の高齢者教育研究がそのような性格をもつに至ったのかを含めて、検討することとしたい。

2　楽生学園——高齢者大学の嚆矢

日本の高齢者大学の源流は、小林文成の楽生学園に求めることができるようである。(29) 楽生学園は、一九五四年、小林が館長を務める長野県伊那市の公民館に老人学級として開設された。小林はまた、伊那市の曹洞宗の寺院・光久寺の住職でもあり、光久寺が地域のシニア世代のたまり場でもあったことで、小林が彼らと深いつながりをもっており、シニア世代の学習への要求を組織化したのであった。小林が楽生学園を構想したのは、地元のシニアからの強い要望を背景として、老人学級の開設を考えたことが始まりである。小林は、この楽生学園の命名に、次のような思いを込めているという。つまり、長い軍国主義に翻弄されてきたシニア世代の人々も、戦後の民主的で平和な日本において、自由にものを考え、生活をつくり出すことができるようになり、それを支援するためにこの新しい老人学級はある、というものである。楽生学園の「楽生」は、『漢書刑法志』にある「民もまた新たに兵革の禍を免れて、人、楽生の慮あり」から採られている。(30) 楽生学園は、日本における初めての老人学級であり、当時は、社会的に大きな注目を集めることになった。学習活動を担ったのは、地元のシニアたちであったが、そこには著名な文化人や学者、さらにジャーナリストらが講師・助言者としてかかわりながら、協力している。

楽生学園は次のような学習目標を掲げていた(31)。①現代の若い人と話し合える老人になる、②家庭で老人が明朗であれば、その家庭は円満である、したがって老人が愛される、③老人が家庭なり社会なりに役立っているという自覚をもつようになる、④健康維持のために老人病に関する知識を学び、早老・老衰予防のために、老人心理の研究をする、⑤老人の生活を歴史的に研究する、⑥老人が広く交流交歓をはかり、社会性を深め、組織力をもつようになる、⑦先進国の社会保障に照らして、国や社会に向かって、老人の福祉を増進するための施策を要求する、⑧幸福な寿命を願って、自ら現代に適応するような学習を続ける。

これを三浦文夫は次のように評している。「興味深いのは、……楽生学園の学習は学ぶことに止まらず、社会交流を通しての社会性、組織力を高めたり、老人の福祉増進のための施策要求等の社会活動を含んでいることである(32)。」

これについて小林自身も「老人福祉の獲得というか、老人福祉を自らの手で築きあげていく」と語っている(33)。この意味では、楽生学園の実践には、シニアは社会に参画し、社会を変革する主体であるとの思想が息づいていたものと思われる。いわゆる教育的な視点から高齢者教育がとらえられていたのであり、自らの強い自覚のもとで社会に参加し、自らの権利を獲得して、社会に働きかけつつ、社会に貢献するシニア像が形成され、その理想を実現するためにこそ、楽生学園の実践が行なわれていたし、そこにこの学園が公民館における老人学級として開設されていた意義が存在するといってよいであろう。

楽生学園の設立後、小林ら関係者は老人クラブとの関係を深め、一九五五年に伊那市で老人クラブ連合会である「伊那市楽生会」の結成に力を尽くしている。この「伊那市楽生会」はおそらく全国で初めての老人クラブ連合会であるという(34)。それはまた、楽生学園がその設立の段階から、小林が寺院の住職であったこともあって、老人クラブと密接な関係をもっていたことを背景としている。その後、楽生学園は、老人福祉法の制定運動などの社会運動にかかわることで、前記の目的の一つである「老人が社会性を深め、組織力をもつ」ことを体現していくようになる。その結果、一九六〇年には、長野県老人クラブ連合会が県社会福祉協議会の支援によって結成され、小林が副会長の一人となる。この結成大会における活動目標には、老人福祉法の制定とともに、老人クラブの活動拠点である老人福祉センターの設置が盛り込まれている。

このような運動を受けて、長野県は、老人福祉センターの必要を認めつつも、財政的な理由から、当面公民館を老人福祉センターとして利用することを県社会部と教育委員会の連名で県下の市町村に通知することになる。その後は、長野県では、老人クラブ活動が公民館を拠点として行なわれるようになり、公民館活動も、老人学級が青年学級・婦人学級と並んで社会教育行政・実践の一つの柱に位置づけられつつ、老人クラブ活動と老人学級（老人大学）とを社会教育の場において結びつける役割を果たすようになる。

ここに、小林が地元のシニアの集まる寺の住職であり、また公民館の館長であることによって提起されていた高齢者教育イメージが受け継がれていたことを見て取ることができる。小林は、高齢者福祉の問題を解決しつつ、福祉を自らの手で創造していく、自立と社会変革の担い手であるシニアを、教育によって育成しようとしていたのである。教育を通してこそ福祉が能動的にとらえ返されるのであり、ここにはシニア世代を福祉的な措置の対象とするという観点は存在しない。

3　老人クラブ――福祉行政の対象としてのシニア世代の教育

しかし、その後、一九六三年に老人福祉法が制定され、老人クラブとともに老人福祉センターが老人福祉法の示す行政領域に組み込まれることになった。ここにおいて、公民館活動という教育的な営みによって社会教育と老人福祉活動が結びつく、むしろ社会教育活動を通してシニアが自らの福祉を創造し、自らの福祉の主体となるという実践は下火になっていった。高齢者福祉は、シニア世代の生きがいづくりや学習活動などが福祉行政の一環、つまり「措置」として行なわれる形へと再編されることになるのである(35)。

老人クラブは、一九五〇年代初頭に社会福祉協議会の指導のもとでつくられはじめ、五〇年代後半に全国に広がった高齢者組織である。その団体数と会員数を概観すると、以下のようになる。一九五五年／二四〇〇団体、六〇年／五〇二九団体、六一年／九七五五団体、約八〇万人、六二年／一万四六五四団体、一一二万二六九九人、六三年／三万五八七三団体、二三一万一七八九人、六五年／約五万五〇〇〇団体、七〇年／約八万三〇〇〇団体(36)。

このような老人クラブの急速な拡大について、三浦文夫は概ね次のように語っている。老人クラブの急増は、戦後の民主主義社会に入り、戦前の教育を受けてきたシニアの戸惑いが激しく、新しい社会に適応するための教育や学習が求められたこと、また戦後民主主義の誤った観念によって若い世代から疎外された高齢者が、孤立しがちであり、他人に気兼ねなく集まれる場を求めていたこと、さらに戦後の新生活運動に適応できるような学習の場を求めていたことを背景としている(37)。しかも、老人クラブの急成長は、財政的な措置の影響が大きいことが指摘されている。同じく三浦は、一九六一年前後から老人クラブが急増しているが、それは国の老人福祉費の中に老人クラブ助成費が組み込まれたからであり、六三年の老人福祉法の制定はそれに拍車をかけたと指摘している(38)。老人福祉法は、その第二章「福祉の措置」の第一三条で、老人クラブを老人福祉の措置のための事業と明確に位置づけ、財政的な援助の対象として明記しているのである(39)。その後、この条項を受けて、国は老人クラブ助成事業要綱を交付し、老人クラブに対する助成を国庫・都道府県・市町村でそれぞれ三分の一ずつ負担しあうことを規定した。この要綱には、老人クラブの活動について「会員の教養の向上、健康の増進及びレクリエーション並びに地域社会との交流を総合的に実施する」としている。既述の高齢者学級委嘱事業へと結びついているような内容であるといってよいであろう。

こうした国の施策の動きに対応して、一九五〇年代後半から全国で老人クラブが結成され、急速に拡大し、連合会結成へと動いていく。一九六〇年代初頭には全国の都道府県に老人クラブ連合会が結成され、一九六二年には全国老人クラブ連合会が結成されている。しかし、このような急速な組織の拡大の過程では、旧来の敬老会的な地縁組織が、補助金受給との関わりで老人クラブへと改組されたものも多く、「教養三分、娯楽七分というのが一般的で、老人の教養、学習は特殊の例を除いてあまり行われていない」[40]のが実情であった。

この意味では、老人クラブは、既述のように小林文成らの思想を受け継ぎつつ、シニアの教育を通して福祉を実現するための主体形成の場としての役割を期待されていながらも、行政的な措置の確立やシニア世代自体の社会的な位置づけの変化にともなって、教育的な意義が後景に退き、むしろ福祉的な意味での社会適応的な実践、福祉的に措置される娯楽や慰安、さらには社会に適応するための教養が提供される、シニアを受け身の対象とする活動の組織へと変質していってしまったといえる。

4 「老人」から「高齢者」へ――「老人」イメージの旋回

このような動向は、また、社会的なシニアの位置づけの急旋回を反映したものであったと考えられる。三浦文夫は、この時期、シニア世代の人々が孤立化し、居場所を求めていたことを指摘している。それは、久保田治助の次のような指摘と重なる。当時の高度経済成長下の急激な社会変動が、人々の「老人」に対するまなざしを変質させ、シニア世代の位置づけが急速に転化することで、シニアを福祉的に措置する必要が行政的にとらえられることになった。その結果、老人クラブを基本とするシニア世代への福祉的な行政的かかわりが強化され、その過程で教育的なかかわりが後退するという事態を招いたのである。久保田は、一九七〇年代初頭のシニア世代の社会的位置づけをとらえて、次のように述べる。

この時期は、「老人」という語に代わって「高齢者」という語が用いられた時期でもある。この時期を境に「老人」という語の使用が減少していくが、それは、「老」のもつネガティヴ・イメージを払拭するためだったのであろう。しかしそのことは、儒教思想における「老」＝経験のある敬うべき人という意味をも同時に消し去ってしまったのであった。そのために、「高齢者」は曖昧な語へと転化していった(41)。

ここで重要なのは、「老人」という言葉のもつネガティブ・イメージを払拭するために「高齢者」という言葉が採用されたということではなく、なぜ「老人」がネガティブなイメージをもつことになったのかということをとらえ返すことであろう。それはまた、三浦のいう、シニア世代が孤立化し、居場所を求めざるを得ない状況をつくり出したのは何ものなのかということを問うことにもなり、また久保田のいう「老」の文字が経験のある敬うべき対象という意味を失うことになったのはなぜか、ということを、社会的な文脈でとらえることを意味している。

この社会的な文脈とは、一九五〇年代前半に経済復興を果たし、五五年から一八年間にわたって急速な経済成長を遂げようとしていた日本社会において、急激な技術革新と生産性の拡大が起こり、平均成長率一〇パーセント近くという驚異的な経済の拡大が、人々の意識や観念に与えたインパクトを考えることにほかならない。つまり、急激な技術革新と労働生産性の拡大は、過去の経験を無意味なものとし、かつ教育や学習によって常に新たな知識を身につけ続けなければ、自らの生存を保障し得ない社会の到来なのである。それは、過去の経験の「蓄積」によって生活が維持できる社会から、新たな知識や技術を取り入れて、「変化」することでしか生活の向上を確保できない社会への転換であり、その転換が「老」という概念そのもののもつ意味を、否定的なものへと変えてしまったということであろう。「老人」はむしろ仕事を終え、生産の第一線から退いた、「過去の人」として処遇されることになったといえる。しかも、当時の生産性の水準と第二次産業を中心とした産業構造では、シニアがその知的能力を発揮して、経済活動に参加することは不可能であった。シニア世代は、生産の第一線を退いた者として、「余生」を送る存在として扱われることとなっていった。それがまた、シニア世代を大事にすることでもあったといってよいであろう。

それ故に、「老人」という用語は退けられつつ、「高齢者」へと切り替えられ、かつ実態としては彼らは社会から疎外されて、孤立化し、「余生」を送る存在として位置づけられて、急激な経済発展がもたらす潤沢な財政を背景に、措置される対象へと転じていくことになったと考えられる。そして、このようなシニア観の転換が、七〇年代に入ると、生涯教育・生涯学習と結びつきつつ、急激な高齢社会化への予測を背景に、シニア世代に社会適応と自立を求める動きへと連なっていくのである。日本は、一九七〇年に高齢化率が七パーセントを超え、高齢化社会へと足を踏み入れており、その後、九四年には高齢化率が一四パーセントを超えて、高齢社会へと進み、二〇〇七年には高齢化率が二一パーセントを超える超高齢社会へと展開しているのである。

5 「高齢者学級」の制度化

この行政的な動きの一つが、本節冒頭で具体例を示した文部省の高齢者学級開設に関する委嘱事業であり、その後、一九七三年頃から制度化される「高齢者教室」である。この七〇年代の文部省の高齢者教育事業の基本的な考え方を示したものが、一九七一年に出された社会教育審議会答申「急激な社会構造の変化に対処する社会教育のあり方について」である。そこでは、前記のような経済発展にともなって急激に変化する社会構造に対応するために、すでにユネスコから提唱されていた生涯教育の観点を導入しつつ、高齢者教育についても、次のように述べている。「高齢者の学習活動は、これまで、高齢者学級やこれに類似したものとしての講などの寄り合い、老人クラブ、親睦会などによって進められてきている。しかし今後の高齢者教育は、高齢者自身が老年期にふさわしい社会的な能力を養い、できるだけ長く自立した生活を続け、世代の隔絶の幅を狭め、生きがいのある生涯を全うすることを主眼として行われるべきである。」

従来の老人クラブ主体の高齢者教育に代わって、社会教育的な観点からシニアに対する教育をとらえ返そうとする視点は鮮明である。しかし、シニア世代の位置づけが、老年期にふさわしい社会的能力を養い、長く自立した生活を続けることができ、世代間の相互理解を深め、生きがいのある人生を送る、いわば教育され、措置される受け身の存在であるという観点は、そのままなのだといえる。それが故に、七〇年代の高齢者学級や高齢者教室は、公民館などの社会教育施設を用いて行なわれてはきたが、既述の自治体の例のように、補助金の打ち切りとともに縮小してしまったり、自然消滅するという事例が多く見られるようになるのである。また、高齢者教室の内容も、それ以前に老人クラブ主体で進められてきた学習や娯楽の内容とほとんど変わるところはなく、むしろ、老人クラブが老人福祉センターなどを使って行なっていた活動が、公民館などの社会教育施設の「教室」へと横滑りしただけというのが実態であった。

その後、生涯教育の世界的な展開や日本社会の高齢化に対応して、一九八一年には中央教育審議会から答申「生涯教育について」が公表される。そこでは、高齢者教育について、次のように述べられている。「高齢者も、寿命の延長に伴う自由時間の増大などにより、多くの文化的な要求をもち、また様々な生活課題に直面しており、これに応ずる学習活動のための場の整備など各種の施策が求められている」。高齢化社会に対応して、シニア世代の人々自身が主体的に生きることが重視されてはいるが、しかし、この答申においても高齢者は自らの福祉を作り上げる主体というよりは、対処されるべき「問題」としてとらえられていることは明らかであろう。

また、高齢者教育の普及にともなって、そこで教育を受けたシニア世代の社会参加と生きがいづくりのための就労支援や人材活用が、七〇年代後半から政策的な課題として取り上げられるようになる。文部省は、一九七八年に高齢者人材事業を開始し、八四年にはこの事業を「高齢者のいきがい促進総合事業」としてまとめ、その後、シニア世代を社会的な人材として活用する事業を推進している。(42)

以上のように、戦後の日本社会は、産業社会の急激な形成と経済規模の拡大・技術革新の進展が、

「老人」を社会の第一線から退いたいわば無用の人、つまり社会的な「問題」として見なしつつ、他方で、潤沢な財政を背景として、その「問題」に対処して、「余生」を送らせる措置の対象として扱ってきた。そのため、高齢者大学は、その構想の初期においては、シニアを社会的な主体として位置づけ、自律した生活を保障しようとした教育的な意図をもっていたが、その後の展開の過程で、シニア世代を措置する福祉的な施設・施策へと旋回することになったのだといえるであろう。

四　高齢者大学の諸相

では、実際に日本にはどのような高齢者大学があり、どのような実践を行なっているのであろうか。戦後、高齢者大学の嚆矢は前述の楽生学園であったが、楽生学園がいわば私設の学習組織であったとすれば、以下に紹介する事例は、福祉措置的な性格をもちつつ、行政的な保障を得て組織化され、実践されている典型的な事例である。

（一）いなみ野学園

いなみ野学園は、一九六九年六月に兵庫県加古川市の県立農業短大の跡地に開設された高齢者大学である。県立農業短大附属高校の流れを汲む農業高校の校長で、いなみ野学園の創設メンバーとして設立後一一年にわたって園長を務めた福智盛は、「当時はまだ、我が国の人口は高齢化の入り口にさしかかろうとするところで、老人の教育など、真剣に考える人はほとんどいなかった時代」と回想している。[43] この学園は生涯教育の視点に立つ高齢者大学としては日本で最初のものであり、それが、この学園の特徴を形成することとなった。福智は次のように続ける。[44]

当初参考になるような先例がどこにも見あたらないまま、県教育長らの意見を聞いて、自分なりに構想を練り、農業高校の先生方の知恵をも借りて教育計画を立案する。……我々が作成した教育計画が、教養を重視し、生活や生産に関する学科にウエイトを置いて、高齢者教育を単なる娯楽中心としていないのは、農業高校のような産業教育的発想を生涯教育の場へ延長、拡大させることを意図したからである。

福智はポール・ラングランの生涯教育思想を深く学び、シニア世代の過去の経験や学習の積み重ねが、新しい学習に好影響をもたらし、次の学習へと彼らを誘っていくことを確信していたという。[45] 福智は、この思想に基づき、学園の三大目標を「意識の改革、能力の開発、健康づくり」と定め、[46] カリキュラムを「①一般教養、②専門学科、③クラブ活動」の三領域より設計している。[47] 一般教養は全員必修の科目群であり、「広く教養の向上を目的とし、頭の切り替え、つまり意識の改革、視野の拡大、ひいては精神的動脈硬化を予防する効果をねらっている」とされる。専門学科は、学生であるシニア個人が自ら選択する学科で、「個人の専門的知識や技能、趣味、上昇を開発助長するのが目的」であった。また、クラブ活動は、学生の自主的な運営によるもので、設置の条件として、二〇名以上の希望者があって適切な指導者が得られる場合とされた(48)。

このような構想によって、いなみ野学園は、一般教養として「教養講座」を、専門学科として園芸学科、生活ふるさと学科、福祉学科、文化学科、陶芸学科を、クラブ活動として謡曲、詩吟、短歌、俳句、手芸、華道、茶道、書道、美術（洋画）、水墨画、舞踊、文化財探訪、などを擁する「大学」として、形作られていった(49)。

いなみ野学園は、当初、一年制の大学として構想されたが、開講初年度から受講者の好評を得、二学期には「こんな楽しい勉強、やめられん」と誰彼となくいうようになり、一年次終了時に「全員落第志願」の陳情が出ることとなった(50)。このため、急遽、修業年限を延長する措置をとり、その後、三年制、四年制へと発展して、最終的には正規の大学と同じ四年制の高齢者大学となった。一九七七年には、指導者養成コースとして大学院を設置している(51)。また、開講初年度の八月には早くも通信教育部を発足させ、毎月一回のテキスト発行と学園内での二泊三日の宿泊スクーリングで遠隔地に住むシニアへの学習機会の保障を行なっている。この通信教育部は、後、七七年に高齢者放送大学へと発展している(52)。受講希望のシニアは年々増加し、一九八三年五月一日現在の在学生数は三七八六名、学園創設当時の一〇倍を超える数だという。年齢別では、六五歳以上七〇歳未満が一三三〇名、七〇歳以上七五歳未満が一〇八四名と多数を占めており、シニア世代の旺盛な学習意欲をうかがわせる(53)。

設立後、いなみ野学園は卒業生を中心とした活動をも展開しており、たとえば高齢者人材活用事業であるシルバー・バンク制度を立ち上げて、シニア世代の社会的な活用と活躍の場の確保を行なうなどしている。シルバー・バンクは一九七九年の設立後、八三年までに二二二二名の派遣実績をあげているという(54)。

いなみ野学園は、開設当時、「いなみ野学園運営委員会」という任意団体が県の受託事業として運営していたが、学園の規模が拡大し、法的な根拠をもった団体による責任の負える運営をめざすこととなり、一九七七年に、県・市長会・町長会・同窓会・学生自治会の協力によって三〇〇〇万円の拠出金を得て、財団法人兵庫県高齢者生きがい創造協会が設立され、この財団による運営に移行して、現在に至っている(55)。また、設立後、県下各市町村から分校設立の要望が寄せられ、一九八五年現在、県下に二九の分校、六つの姉妹校を有するまでにネットワークを拡大している。分校の多くは、市町村などの公民館に委託された二年制の高齢者大学講座である(56)。

このいなみ野学園については、「生涯教育の総合的なモデル校」であるとの評価が定着しているようである。その理由は「独自のキャンパスと教室の他に、農園、作業場その他をもつ高齢者専用教育機関としては全国では最初のもので、また「総合的」な高齢者専用の生きがい、教育機関としてはユニークなものである」とされる(57)。また、運営についても、当初、教育委員会所管であったが、一九七五年には知事部局である民生部に移管となり、その後、七七年に財団の設立に伴って、財団の運営へと切り替えられたことに対して、「以後、老人クラブ等との関連を密にするなど、老人対策の一貫性を図りつつ、高齢者の生きがい創造に、……知事みずから陣頭に立って情熱を傾けており、高齢者教育は年々充実を見ている」[58]とされ、「最初は社会教育系列の組織として発足しながらも、その事業内容は単なる教養を主とする高齢者教育機関を越えて、高齢者の趣味、娯楽、社会活動などの生きがい活動を含む幅広いものであった。それはまさしく生涯教育の観点に立つ高齢者学習と教育の総合的組織」であると評価されている[59]。その上、「いなみ野学園の出発は、……老人の教養、学習ではなく、個人の潜在能力を引き出し、その成長発展を援助するという教育の視点……から発想され、運営されていた点に特徴がある。しかし、その後の展開は、このような教育の枠を越えて、高齢者の生きがい創造や高齢者の能力活用などに学習の幅が広がり、わが国の縦割り行政の枠組みに組み込まれた教育委員会所管の社会教育領域を越えることとな」り、財団移管によってさらに「縦割り行政を越えた運営を可能にしていっている」と高く評価される[60]。

高齢者大学が教育と福祉との谷間に存在しており、しかもそこにはいわゆる縦割り行政のなかで、シニア世代の「教育」には関与できても、「学習」からつながる生きがいづくりや日常の活動へと展開する能力活用などにまで関与できない教育行政の苦悩が存在しているようである。それがために、高齢者大学は、首長部局に位置づけられ、生涯学習でありながら福祉でもあるという「対策」の一環として実施されざるを得ないという宿命を背負っているものとも見える[61]。

(二) 世田谷区生涯大学

世田谷区生涯大学は一九七七年に設立された高齢者大学で、世田谷区老人大学と称していたが、二〇〇七年に設立三〇周年を記念して、世田谷区生涯大学へと改称されている。この大学は、世田谷区のまちづくりの基本方針、つまり「福祉社会をめざすヒューマン都市世田谷」構想と密接に関係のある高齢者施策の一環に位置づけられている。その基本的なコンセプトは、「絶えざる自己啓発とコミュニティ形成を促進し、新しいうるおいある文化と生活を創造する高齢者の綜合センター」であるとされ、目的を次のようなスローガンとして規定している。「老人大学とは、①地域に生きる、②集団で生きる、③若者と生きる、④丈夫で生きる、⑤汗を流して生きる、⑥文化をもって生きる　高齢者の自己啓発の場である(62)」。

そして、この基本的な構想を基礎に、世田谷区生涯大学は、シニア世代の学習センターとしての機能だけでなく、相談・活動センター、すなわちシニア世代の社会参加やコミュニティづくりへの支援を行なうセンターとしても位置づけられている。つまり「高齢者が永年培ってきた『力』を登録し、それを時に再訓練して、この『力』を、援助を必要とする人びとに役立てる活動を行う」センターとしても開設されているということであり(63)、この点に大きな特徴がある。

世田谷区老人大学の時代の学習は、「社会」「生活」「福祉」「文化」の四コースに分かれ、二年が修業年限であった。学生募集定員は一〇〇名、授業は基本的に毎週一回、年間三〇回ほどで、少人数のゼミナール形式で行われた。この他に、年間五～六回の割合で、外部講師による特別講義と必要に応じての見学などが組み込まれていた(64)。

学習の概要は、次のようなものであった。たとえば、一九七八年度の「生活コース」のテーマは「私と家族」で、〈研究のねらい〉を次のように定めている。「戦前・戦中後を通じ、各人が歩んできた道を振り返り、それぞれの時代の自分のことを共に語り合い、書き綴り、これからの人生をどう生きていくかを考える。また老人の『生活』に関連する分野の講義も織りまぜてゆく」。また「福祉コース」のテーマは「老年期の生きがい」で、〈研究のねらい〉は次のようなものであった。「老年期を健康で満足感をもって過ごすためには、安定した生活基盤が不可欠である。そこで老年期の安定した生活を築いていく上で、重要な福祉の制度に学びつつ、福祉の現状と将来展望、福祉と老人の生きがいのことなどを考えていく」[65]。これらのコースでの学習は、ゼミナール形式が基本であり、専門性の高い講師のもとで、受講生が自らの学習成果をレポートし、意見交換をしつつ、相互に啓発することが基本的なスタイルとされた。

学習内容の設計のあり方は現在でも踏襲されており、「社会」が社会と歴史コース、「生活」が生活文化コース、「福祉」が福祉学習・体験・利用コース、「文化」が文化Aとして読・書再体験コース、文化Bとして日本史・東京と世田谷の歴史コース、さらに全コース必修の健康体育コースが加えられ、全六コースで運営されている[66]。

世田谷区生涯大学は、老人大学時代の一九七九年、第一期・第二期の修了者の強い希望により、一年制の老人大学自主研究科を設置し、受講者の継続的な学習機会を保障している。この自主研究科は修了生の自主運営に任されている。

また世田谷区生涯大学の特色として、学生協議会が設置されていることを挙げることができる。この協議会は、一九七八年に世田谷区老人大学学生連絡協議会として発足し、その後、一九九〇年に学生協議会へと改称して、今日に至っている。設立の目的は「大学設立の趣旨に則り、学生の資質の向上及び親睦を図ること」とされ、発足以来、学生による自主運営がなされてきた。学生協議会の事業には以下のようなものがある。「一　学級相互間の連絡及び情報の交換／二　旅行会、見学会等の開催並びに文化祭の共催／三　大学運営に関する意見具申並びに学生の要望の大学への伝達／四　この他のこの会の運営上必要な事業」。組織は、各コースの学生から四名の学級委員（うち一名が代表委員）が選出され、五コース、二学年合計四〇名の学級委員によって運営されることとなっている。(67)

世田谷区生涯大学の所管は、区福祉部老人会館であり、生涯大学は区行政のまちづくり基本計画の一環に位置づけられて開設され、実施された行政的施策であった。世田谷区生涯大学は、二〇〇七年に開設後三〇年目を迎えたが、区老人会館を拠点に、第三〇回生がいきいきと学習活動を展開している。この大学の学長を務めた三浦文夫は、来るべき長寿社会に向けて、この大学の次の課題を以下のように述べている。

とくに未曾有ともいうべき高齢化社会（長寿社会）の進展のなかで、高齢虚弱、病弱のために老人大学等で学ぶことのできない人びとの共生のなかでの学習を改めて考えてみたいと思う。長寿社会の特徴は……八〇歳、九〇歳代といった長寿者の激増を内容としている。これらの人びとを含め身体的情緒的に障害をもつようになる人びとの激増は、長寿社会の最大のアキレス腱となりかねないものである。健やかに老いることの重要性を改めて学ぶとともに、これらの人びとを支えるために何ができるのであろうか。老人大学で問われている課題であり、また老人大学ならばこそ、この課題への解決の筋道を明らかにすることのできるものであると思われる。老人大学での教育は、教え育むというのではなく、共に生きるという意味での「共育」でありたいと思うのである。そしてこのことを通してコミュニティづくりの拠点としての老人大学への脱皮を期待したいのである。(68)

引用が長くなったが、都市計画の一環として福祉的な発想より生まれた高齢者大学が、教育的な機能を取り込みながら、高齢者対策事業としての高齢者大学からシニア世代が自律して社会で生きるための、そして、彼らシニアと共生するまちづくりのための高齢者大学へと展開することの必要が指摘されるのである。ここでも、高齢者大学は、実践的には福祉と教育との間を架橋しようとするものでありながら、行政的には福祉的な措置へと傾斜しかねない苦悩を抱え込んでいるといえる。

(三) 中野区ことぶき大学

中野区ことぶき大学は、既述の二つの高齢者大学とは異なり、教育行政が中心となって運営している高齢者大学である。設立は一九七三年と古く、高齢者大学草創期の代表的なものであるといってよい。当初は、一年制で、受講者一二〇名で発足したが、現在では三年制に拡大され、さらに大学院までもが開設されている。

この大学における学習目的は、以下のようなものである。「①健康保持、②若い人と話し合えるように、③明るい家庭づくり、④社会参加への取り組み、⑤仲間との交流、⑥福祉の増進、⑦余暇の活用、⑧時代に適応できること」(69)。

学習は週一回の講義が基本で、その後、学年があがるにつれてゼミナール形式の討論や綴り方などが組み込まれた形態へと変化するように構成されている。また、卒業論文として自分史の執筆が、大学院が開設された一九八一年より継続して取り組まれており、さらに、ことぶき大学での学習は、修了者の同期会の活動へと展開し、社会的な参加へと結びつけられている。

ことぶき大学の学習内容は、その設立当時の生きがい獲得から、次第に能力開発、高度な専門的スキルの獲得へと移行しており、それが大学院の設置へとつながっているようである。また、講義の内容も、シニア世代の社会適応を中心に考えるものから、むしろシニアの社会貢献、これまで蓄積してきた能力や技能を社会還元することを考えるものへと展開しており、シニア世代の社会的な位置づけの変化をうかがうことができる(70)。

この意味では、ことぶき大学は中野区教育委員会の管轄の下に置かれている教育行政系統が行なう高齢者大学ではあるが、その講座内容や高齢者の位置づけは、既述二つの福祉行政系統の高齢者大学とほとんど変わりはないといってよいであろう。ここに、教育行政系統において行なわれる高齢者大学と福祉行政系統による高齢者大学との違いのわかりにくさを指摘することができる。しかし、これはまた、高齢者大学が教育と福祉の双方を架橋する可能性をもつもの、さらにいえば、シニア世代の日常生活や必要にとっては、教育行政か福祉行政かという行政系統の違いは問題ではなく、彼らの生きがいづくりと社会への貢献・還元をどこが行政的に担うのかの問題であることを示している。

(四) 名古屋市高年大学鯱《こ》城《じょう》学園

名古屋市高年大学鯱城学園は、その設立の当初から名古屋市福祉協議会が主体となって開設された新しい形の都市型高齢者大学である。開設は一九八六年、当初、生活学科・文化学科・園芸学科の三学科、定員一三五名から発足し、その後、八七年に陶芸学科を新設、定員一六五名となり、さらに九五年には専用の校舎が竣工し、九六年には地域学科・健康学科・美術学科を新設、二〇〇二年には環境学科・国際学科・福祉学科を新設して、現在、一〇学科、入学定員五三五名の大規模な高齢者大学で、二年制として運営されるに至っている。(71) この大学を都市型高齢者大学と呼ぶのは、名古屋市という政令指定都市の中心部に地上一三階、地下三階建てのビルの五階から九階まで延べ床面積六二三六平方メートルという専用校舎をもち、施設も事務局スペースの他、講義室六、実習室三、自主活動室、学長室、講師控室、印刷室、資料室、保健室、図書室、ラウンジ、さらに収容人数七八〇名のホールを備えた学習施設だからである(72)。

開設後二〇年間の修了者は五八四二名、平均出願倍率約三倍を維持しており、シニア世代市民の旺盛な学習意欲がうかがえる。第二〇期生の数字を見ると、男女比は男性四九パーセントに対して女性五一パーセント、年齢構成は六〇歳代七〇パーセント、七〇歳代二九パーセント、八〇歳代一パーセント（概数）、平均年齢は六七・五歳である(73)。

鯱城学園の設立の趣旨は、「高齢者の生きがいづくりと、地域活動の核となる人材の養成」であり、この趣旨を反映して教育目標には三つの柱が立てられている。第一の柱は「教養講座」「専門講座」を通して、現代社会についての理解を深め、個人としての自律をめざすとともに、専門分野に関する知識や技能を高めること。第二の柱は、学生会の諸活動やクラブ活動・クラス活動などの「自主活動」を通して、相互学習、友情と連帯、組織運営などの体験を深めること。第三の柱は、学習と自主活動の成果を「社会参加」に結びつけること、である(74)。

受講者の学習活動の中心をなすのは「講座」であり、この講座には「教養講座」と「専門講座」の二種類が設けられている。前記の「学科」にあたるのが「専門講座」であり、現在一〇の「専門講座」が設けられている。「教養講座」は全学科共通の受講者の必修科目である。一学年・二学年とも各々週一回、午前中二時間が「教養講座」、その午後二時間が「専門講座」の時間として指定されている。この他に、公開講座が年五回ほど開かれる。

「教養講座」の一例を挙げれば、次のようなものである。「医療と法律——患者の立場から——」

「変貌する名古屋の鉄道」「心の癒しにつながる花育てと花飾り」「奈良の仏像」「老後を賢く生きる知恵」「高齢社会とワークシェアリング」「児童文学とその周辺」など。

また、「専門講座」には次のようなものがある。「生活学科」は「暮らしにかかわりの深い分野について、基本的な知識を広げ、体験し、合理的な考え方を養い、生活の活性化をはかる」ことが目標とされ、「生活習慣病と食事」「高齢者にやさしい住まい」「高齢者の法律問題」「ＩＴの活用」「名古屋の歴史」「地球環境と資源」などの講座から編成されている。「文化学科」は「言語・文芸・歴史などの学習を通して、人間の営みや生き方に触れ、美意識やものの見方を深めて、生活の充実をはかる」ことが目標とされ、「狂言の世界」「短歌を味わう」「ドラマティックということ」「名古屋城の美術品」「東山植物園探勝」「博物館見学」「俳句を楽しむ」「地域文化と伝説」などから構成されている。

「地域学科」の目標は「郷土の歴史や文化、地域活動などの学習を通して、地域に親しみ、社会参加への関心を深め、生活の活性化をはかる」こと、「健康学科」の目標は、「健康にかかわる基礎的な知識を広げ、軽い運動や健康法を通して、日常的に健康づくりを進め、心身ともに健やかな生活をめざす」こと、「環境学科」は「人間を取りまく自然や社会の環境についての諸問題を把握し、豊かな生命を育む地球環境を守り、安全で快適な日常生活の実現をめざす」ことを目標としている。(75)

このような講座を中心に、さらに年間を通して、入学式、宿泊研修、体育祭、修学旅行、文化祭、卒業証書授与式などが行われている。(76)

また、受講者たちの自主活動も活発で、学生協議会が組織され、体育委員会・文化委員会・クラブ委員会・広報委員会が設置されて、それぞれの自主活動を展開している。受講者は全員クラブ活動に参加することが求められており、年間三〇回ほどの活動が行なわれている。この他、設立の趣旨を反映した社会活動も積極的に進められており、河川の水質調査、ボランティア活動、さらには区政協力委員、民生委員、町内会役員の担当などが奨励されている(77)。

卒業生は、同窓会組織「名古屋市高年大学鯱城会」に所属し、地区役員を中心に、地域福祉活動や公開講演会の開催、会誌の発行などを行っている。同窓会は、下部組織として、名古屋市全一六区すべてに「区鯱城会」を組織しており、各クラブOB会や新たな同好会などが組織されて、様々な活動を行なっている。たとえば、美化活動として公園の清掃や公共施設の清掃など、地域福祉活動として小中学校の高齢者疑似体験インストラクター、福祉祭りの支援、福祉施設ボランティア、公共施設の図書館整理、児童養護施設ボランティアなど、緑化活動として市内各公園の花壇づくり、除草、植木の剪定作業などを行なっている(78)。

シニア世代の学習と地域社会への参加、さらにそのもつ力の地域社会への還元というコンセプトが明確な高齢者大学であり、きわめて教育的な配慮から運営がなされていながらも、社会福祉協議会という社会福祉法人による経営となっているのである。この意味でも、この新たな都市型老人大学も、行政的には福祉と教育との境界領域に位置づきながら、その両者を架橋しようとするものであるといえる(79)。

（五）豊田市ヤングオールド・サポートセンター・豊田市高年大学

豊田市ヤングオールド・サポートセンター・豊田市高年大学は、前記の四つの高齢者大学とは異なるコンセプトをもった都市近郊型の高齢者大学である。豊田市高年大学は、社会部生涯学習課が主管する高齢者活動支援のための施設であるヤングオールド・サポートセンターが開設し、シニア世代の生きがいづくりを明確に打ち出した高齢者大学である。

豊田市ヤングオールド・サポートセンターは、自動車産業を中心とする製造業の都市でありながら、農村地帯が広がる豊田市において、今後、企業退職者を中心とした市民の急速な高齢化が予測されており、生産の第一線を退いた市民が地域社会でいきいきと暮らす支援を行なうために設置された施設で、「高齢者の生きがい活動支援拠点」としての性格が付与されている。運営方針は、シニア世代の地域社会における活躍を支援し、「生きがい就労」「地域貢献」「きっかけづくり」をキーワードとしてシニアの生きがいづくりを支え、かつ市民・民間企業・公共施設と連携しながら、シニア世代の人々が生き生きと暮らせる環境整備を行なうというもので、豊田市の中心部、鉄道駅の上階駅ビル百貨店の九階に設置されている(80)。

主な事業としては、つぎの五つのことがなされている。①生きがいづくり道先案内事業としての情報発信・提供、②高年大学事業としての豊田市高年大学の運営、③高年齢者体験農場管理事業として、農作業体験農場を経営して、野菜づくりの知識習得機会の提供、④生きがい就労紹介事業として、民間企業とのネットワークを形成し、高齢者人材バンクの窓口を担当、⑤職業相談事業とし

て、豊田市高年齢者職業相談室の開設。(81)

また、豊田市社会部生涯学習課は、ヤングオールド・サポートセンターと同じ施設に「とよた市民活動センター」をも有しており、市民へのボランティア機会の紹介やNPO活動との連携を進めている。豊田市高年大学は、これらのネットワークのなかにおかれて、ヤングオールド・サポートセンターが運営しているものである。(82)

ここでは、ヤングオールド・サポートセンターと市民活動センターをいわば市行政直営で運営している生涯学習課が、教育委員会ではなく、首長部局の社会部に置かれ、同じく社会部の自治振興課と連携をとる体制がとられていることに注目する必要がある。豊田市では、自動車産業を中心として急速に拡大する市域と人口の増加に対応する形で、市民生活の安定を図るために、市民の相互理解と社会の安定を掲げてコミュニティ行政に力を入れてきた経緯がある。そこでは、基本的に、青少年健全育成事業が核となって、地域の地縁組織を連携させつつ、地域コミュニティを豊かに形成し、市民の協同を組織することがめざされた。その後、豊田市でも少子高齢化が進み始め、とくに企業退職者が大量に地域社会に還ってくる時代を迎えることで、いわば彼らの生きがい支援とコミュニティ行政とを結びつける必要から、生涯学習課と自治振興課が連携をとれる市役所の庁内体制をつくり上げたのであった。ここにはまた、市町村合併によって動揺する地域コミュニティにも対応するという目的が与えられていた。(83)

豊田市高年大学は、このような豊田市の変動に対応する形で、シニア世代に対して生きがいづくりのきっかけを提供し、彼らが地域社会の担い手として活躍することを強く期待して、二〇〇二年に開設された高齢者大学である。

豊田市高年大学は一年制を採用し、現在、受講者全員受講の共通教養講座の他に、「いきいき生活学科」「文化工芸学科」「環境農学科」「わくわく交流学科」の四学科からなり、総定員は一五〇名である。主な学習会場は、前記とよた市民活動センターの研修室とホールが活用されている。

講座の内容は次の通りである。共通教養講座は全員受講の講座で、社会の共通の話題を取り上げ、知識を広め、理解と意識を深めることを目的とし、シニア世代の健康づくりや彼らの社会的な活躍などについての講義を受けることとなっている。

「いきいき生活学科」は、暮らしと健康にかかわる知識などを学ぶことが目的とされ、「自分史を書こう」「食生活について」「大人の修学旅行の勧め」「環境と暮らし」「老人介護と家族ケア」「竹炭づくり体験」などの講義から編成されている。「文化工芸学科」は、文化・歴史・工芸等を知り、体験することが目的とされ、「陶芸」「木綿つむぎ」「版画」「水彩画」「能を楽しむ」「ピアノから広がる音の世界」等から編成されている。「環境農学科」は、自然と土に親しみながら、園芸等の基本的な知識や技術を学ぶことが目的とされ、「野菜作りの体験実習」「土作りと肥培管理」「病害虫と消毒」「ガーデニングの基礎」「庭木の樹形づくり」「身近な山野草」などの内容からなっている。「わくわく交流学科」は、地域での気軽なふれあいを楽しむための手段や方法を学び、体験し、交流することを目的とし、「活かそう気軽な交流術」「夢を育む紙芝居づくり」「子どもとふれあおう」「青春時代の思い出を語ろう」などからなっている。

このほか、修了者を中心に豊田市高年大学同窓会が組織されており、定期総会や定期講演会などが開かれている。今後、修了者を中心として、まちづくりなどの活動にいかにシニア世代の力を引き出していくのかが大きな課題だとされている。(84)

五　高齢者福祉を教育的に組み換えるものとして

日本では、少子高齢化が急速に進展するとともに、とくに近年、社会問題としてとらえられているように企業退職者の急増と彼らの地域社会への帰還が、社会の人口構造や就労構造の変容だけでなく、人びとの意識とくにシニア世代に対するイメージをも大きく変化させ、かつシニア世代の人々自身の意識や観念の大きな転換をもたらしている。それは、端的には、シニア世代は社会の第一線を退き、ある意味ですでに過去の人となった人、社会的な弱者として保護されるべき人、という福祉的な観念による高齢者イメージから、社会の第一ステージを修了し、第二ステージに立った人、社会的な第一線に立って、社会に貢献できる人、というイメージへの転換であるといってよい。

このような大きな社会の変化にともなって、近年、本章で取り上げたような高齢者大学が改めて問い返される必要に迫られているといってよい。たとえば、行政系統から見た場合、高齢者大学は福祉行政による開設が圧倒的に多く、その意味では、旧来型の保護され、措置されるべきシニアというイメージを基礎に、自立して生活し、社会に貢献するシニアという新たなイメージを発展させているものが多いように思われる。他方、現実の行政系統から見て、教育委員会系統に属する社会教育や生涯学習では、シニアの社会参加や自己実現、生きがいづくりなどの領域にまで施策を展開し、多様化する高齢者教育を「教育」というカテゴリーで処理し、行政的な保障を与えることには困難がつきまとうのも事実である。しかも、自治体行政から見た場合、少子高齢化という総合行政的な対応が必要な課題に対して、教育委員会が対応するよりは、首長部局によって対応し、シニア市民の社会参加を促した方が、より効率的かつ積極的な行政経営が可能となるという一面も否定できない。

さらには、シニア世代の学習活動そのものが、実践レベルにおいては、それが教育行政であろうが、福祉行政であろうが、いずれにせよ生きがいづくりや社会貢献、自己実現という方向性をもったものであることを求めており、それを保障する行政系統であればどこでもよいというのも事実である。

高齢者大学は、先述のように、福祉行政と教育行政という従来型の行政系統の深い溝に架けられた橋であるかのような位置に、現在、置かれているようにも見える。この意味では、各地の高齢者大学が、教育でありながら福祉であるという性格を帯びざるを得ず、結果的に、シニア一人ひとりの自律を促すよりは、「措置」としての娯楽や慰安に重点がおかれるようになることは避けがたくあるように思われる。しかし、反面、高齢者大学がこのような位置におかれることによって、教育と福祉との間を架橋し、より積極的に高齢者教育を展開し、シニア世代の生きがいの増進や社会的なアクターとしての新たな役割の獲得に、有効に作用する可能性も大であるといえる。つまり、福祉を教育的に再編しつつ、自己実現や社会貢献、さらには存在意義の十全な発現など、積極的なシニア・イメージの生成と行政的な対応を生み出すことにつながる契機が生まれるものと思われるのである。前述のいくつかの高齢者大学の事例は、このような位置づけをうまく利用しつつ、高齢者大学が社会に対して積極的な役割を果たし得ている実例であるといえる。

今後、日本社会がどのようにしてシニア世代の尊厳・生きがいや自己実現を支援しつつ、彼らを新たな社会的アクターとして迎え入れ、豊かで魅力的な、質的に高い社会を建設していくことができるのか、福祉と教育とを行政的に架橋する高齢者大学のあり方がその可能性を指し示しているといえるのではないであろうか。

注

（1）堀薫夫「高齢者の学習ニーズに関する調査研究――六〇代と七〇代以上との比較を中心に」、堀薫夫編著『教育老年学の展開』、学文社、二〇〇六年（第六章）、一二四頁。
（2）同前。
（3）同前論文、同前書、一二九頁。
（4）同前論文、同前書、一三九頁。

(5) 詳しくは、牧野篤『高齢社会の新しいコミュニティ――尊厳・生きがい・社会貢献ベースの市場社会を求めて』、名古屋大学大学院教育発達科学研究科社会・生涯教育学研究室／ひと循環型社会支援機構、二〇〇二年、を参照されたい。
(6) 同前。
(7) 牧野篤「人生を全うすることへの希求――高年者のキャリアを考える」、キャリア教育の推進とカリキュラム開発研究プロジェクト（研究者代表・田中宣秀）『キャリア教育の推進とカリキュラム構築に関する最終報告書』、名古屋大学、二〇〇六年、二一一―二一二頁。
(8) 堀薫夫、前掲論文、前掲書、一三九頁。
(9) 牧野篤、前掲論文、前掲誌、二一一頁。
(10) K・B・ホイト編著、仙崎武・藤田晃之・三村隆男・下村英雄訳『キャリア教育――歴史と未来』、社団法人雇用問題研究会、二〇〇五年、六二一―六二三頁。
(11) 堀薫夫、前掲論文、前掲書、一四〇頁。
(12) 文部科学省『平成一七年度文部科学白書』、財務省印刷局、二〇〇六年、一〇一―一〇二頁。
(13) 石川県羽咋市邑知公民館ホームページ（http://www.hokuriku.ne.jp/ouchi/ayumi/gakkyuu_koureisya.htm［二〇〇七年三月九日現在］、後に http://ouchikouminkan.syuriken.jp/ayumi/gakkyuu_koureisya.htm に移動［二〇〇九年八月二四日現在］）。
(14) ポール・ラングラン著、波多野完治訳『生涯教育論』、小学館、一九七二年。
(15) 前掲石川県羽咋市邑知公民館ホームページ。
(16) 同前。
(17) 同前。
(18) 同前。

(19) 大阪教育大学生涯教育計画論研究室『都市型老人大学受講者の実態と意識に関する調査研究——大阪府老人大学を事例として』、一九九九年、六二頁。
(20) たとえば、同前書が「我が国における高齢者教育関連事業の展開：老人大学問題を中心に」として、高齢者教育の歴史を概観しており、また、堀薫夫編著『教育老年学の展開』、学文社、二〇〇六年において、老年学の実践として「老人大学」が取り上げられ、その若干の歴史が紹介されるが、それらはほとんど紹介・概観であり、歴史的な展開から今日の問題につながる課題や要因を分析しようとするものではない。
(21) 川口弘・川上則道『高齢化社会は本当に危機か』、あけび書房、一九八九年。
(22) 清家篤『エイジフリー社会を生きる』、NTT出版、二〇〇六年。
(23) 室俊司・大橋謙策共編『高齢化社会と教育』、中央法規出版、一九八五年。
(24) 瀬沼克彰『高齢社会の生涯教育』、学文社、一九八六年。
(25) 研究代表者・山本慶裕『高齢化社会に対応した生涯学習の政策・プログラムの開発に関する総合的研究』、一九九六年。
(26) 堀薫夫『教育老年学の構想——エイジングと生涯学習』、学文社、一九九九年。
(27) 大阪教育大学生涯教育計画論研究室、前掲報告書。
(28) 堀薫夫編著『教育老年学の展開』、学文社、二〇〇六年。
(29) 三浦文夫編著『老いて学ぶ老いて拓く——世田谷区老人大学・生涯学習への挑戦』、ミネルヴァ書房、一九九六年、久保田治助「老人大学創設期における高齢者教育の動向」、堀薫夫編著『教育老年学の展開』、第7章など。
(30) 三浦文夫編著、同前書、一五頁。
(31) 小林文成『老後を変える——楽生学園二五年』、ミネルヴァ書房、一九七八年、二一—三〇頁。

(32) 三浦文夫編著、前掲書、一八頁。
(33) 小林文成『老人は変わる——老人学級の創造』、国土社、一九七四年、二一五頁。
(34) 三浦文夫編著、前掲書、一九頁。
(35) 以上、同前書、一九—二二頁参照。
(36) 同前書、二四—二五頁。
(37) 同前書、二五頁。
(38) 同前。
(39) 「老人福祉法」(一九六三年)第一三条には、次のように記されている。「(老人福祉の増進のための事業)第一三条　地方公共団体は、老人の心身の健康の保持に資するための教養講座、レクリエーションその他広く老人が自主的かつ積極的に参加することができる事業(以下「老人健康保持事業」という。)を実施するように努めなければならない。2　地方公共団体は、老人の福祉を増進することを目的とする事業の振興を図るとともに、老人クラブその他当該事業を行う者に対して、適当な援助をするように努めなければならない。」
(40) 三浦文夫、前掲書、二九頁。
(41) 久保田治助、前掲論文、前掲書、一四八頁。
(42) 本節をまとめるにあたっては、以下の文献を参考にした。
＊小林文成『老人は変わる——老人学級の創造』、国土社、一九七四年。
＊小林文成『老後を変える——楽生学園二五年』、ミネルヴァ書房、一九七八年。
＊室俊司・大橋謙策共編『高齢化社会と教育』、中央法規出版、一九八五年。
＊三浦文夫編著『老いて学ぶ老いて拓く——世田谷区老人大学・生涯学習への挑戦』、ミネルヴァ書房、一九九六年。

＊堀薫夫『教育老年学の構想――エイジングと生涯学習』、学文社、一九九九年。
＊堀薫夫編著『教育老年学の展開』、学文社、二〇〇六年。
＊大阪教育大学生涯教育計画論研究室『都市型老人大学受講者の実態と意識に関する調査研究――大阪府老人大学を事例として』、一九九九年。

(43) 福智盛「老人大学の実践Ⅰ――いなみ野学園と兵庫の高齢者教育」、室俊司・大橋謙策編著、前掲書、二九六頁。
(44) 同前論文、同前書、二九七頁。
(45) 三浦文夫編著、前掲書、四三―四四頁。
(46) 福智盛、前掲論文、前掲書、二九九頁。
(47) 同前論文、同前書、三〇一頁。
(48) 同前論文、同前書、三〇一―三〇二頁。
(49) 同前論文、同前書、三〇二―三〇三頁。
(50) 同前論文、同前書、二九八頁。
(51) 同前論文、同前書、三〇七頁。
(52) 同前論文、同前書、二九八頁。
(53) 同前論文、同前書、三〇六頁。
(54) 同前論文、同前書、三〇八頁。
(55) 同前論文、同前書、三一〇頁。
(56) 同前論文、同前書、三一一頁。
(57) 三浦文夫編著、前掲書、四九頁。
(58) 福智盛、前掲論文、前掲書、三一二頁。

(59)三浦文夫編著、前掲書、四九頁。
(60)同前書、五〇頁。
(61)野元弘幸「「いなみ野学園」における高齢者の学習」、日本社会教育学会編『高齢社会における社会教育の課題——日本の社会教育第四三集』、東洋館出版社、一九九九年など。
(62)三浦文夫「老人大学の実践Ⅱ——世田谷区老人大学の活動」、室俊司・大橋謙策編著、前掲書、三一七頁。
(63)同前論文、同前書、三一八頁。
(64)同前論文、同前書、三二〇頁。
(65)同前論文、同前書、三二四頁。
(66)『シニアカレッジ世田谷区生涯大学入学案内』(平成21年度)より。
(67)三浦文夫編著、前掲書、八二—八四頁。
(68)三浦文夫・高橋泉「実例　世田谷区老人大学10年の歩み」、塚本哲人・大橋謙策他著『高齢者教育の構想と展開』、財団法人全日本社会教育連合会、一九九〇年、九六頁。
(69)久保田治助、前掲論文、前掲書、一五四頁より転載。
(70)以上、同前論文を参考に構成した。
(71)『平成一八年度名古屋市高年大学鯱城学園学園要覧』、二一—三三頁。
(72)同前要覧、一八頁。
(73)同前要覧、一五頁。
(74)同前要覧、三頁。
(75)同前要覧、四—九頁。
(76)同前要覧、一〇頁。

(77)　同前要覧、一二頁。
(78)　同前要覧、一三頁。
(79)　以上、同前要覧の他、筆者の訪問（二〇〇七年二月一日）による見聞をもとに構成した。
(80)　豊田市社会部生涯学習課『平成18年度豊田ヤングオールド・サポートセンター事業概要』、二〇〇六年五月、三頁。
(81)　同前。
(82)　豊田市『とよた市民活動センター平成18年度事業概要』、二〇〇六年など。
(83)　名古屋大学大学院教育発達科学研究科社会・生涯教育学研究室豊田市生涯学習センター「交流館」調査グループ『市民と行政の共同による生涯学習のために——豊田市生涯学習センター「交流館」調査報告』、二〇〇三年など。
(84)　豊田ヤングオールド・サポートセンター『２００６　豊田市高年大学案内』および筆者の豊田ヤングオールド・サポートセンターへの訪問調査（二〇〇七年一月三一日）による。

第三章　人生を全うすることへの希求
——シニア世代のキャリアを考える

一　「キャリア」と「キャリア教育」をとらえ返す

(一)「キャリア」「キャリア教育」の行政イメージ

一般に、「キャリア」という場合、それは若年者の就業を基本とした職業生活や中壮年者の職業経験によって培われた職業能力というイメージが強い。たとえば、インターネットで「キャリア」をキーワードに検索すると、まず目に飛び込んでくるのは多くの就職支援機関や求人雑誌、また人材派遣会社のホームページであり、さらには離転職者の経験談のホームページである。そして、このイメージは、「キャリア教育」と、「キャリア」を育成するというニュアンスの言葉に置き換えてみても、変わることはない。たとえば、昨今の若年者の就業難やニート・フリーターの急増という問題に直面して、文科省・厚労省・経産省そして内閣府で立ち上げた「若者自立・挑戦戦略会議」が提案している「若者自立・挑戦プラン」においても、そのプランは教育・雇用・産業政策の連携強化による総合的な人材対策であるとされている。このプランを文科省は「キャリア教育総合計画」であると呼び、次のような施策を実施するとしている(1)。

○小学校段階からの勤労観、職業観の醸成 ○企業実習と組み合わせた教育の実施 ○いわゆるフリーターの再教育 ○高度な専門能力の養成　など。

いわば、幼いころから職業に触れさせつつ、将来の職業意識を高め、かつ即戦力的な人材として子どもや若者たちを育成すること、これが「キャリア教育」であるとされているのであり、「キャリア」とは育成されるべき職業への態度と即戦力的な技能であると解釈され得る。

文科省はこのプランを受けて、二〇〇四年度より「新キャリア教育プラン推進事業」を進めているが、この「事業」の背景について、次のように説明している(2)。

近年の産業・経済の構造的変化に伴う雇用形態の多様化・流動化、高学歴志向の高まり、勤労観、職業観の希薄化やフリーター指向の高まりなどを背景に、中卒、高卒、大卒を問わず、進路意識や目的意識が希薄なまま、とりあえず進学をしたり就職をする若者の増加が問題となっている。

そして、この背景から、「事業」の内容を次のように規定している。(3)

インターンシップ推進のための国レベルでの連絡協議会の設置・開催や、若者、地域の関係者等との情報交換や、社会全体でキャリア教育を推進する気運を醸成していくための「キャリア教育推進フォーラム」の開催、また、地域ぐるみでキャリア教育に取り組むため推進地域を指定し実践的研究を行う。

「キャリア」がきわめて実践的で即戦力的な、しかも育成されるべきものとしてとらえられていることは明らかであろう。

(二)「キャリア」概念の曖昧さ

しかし他方、前記「若者自立・挑戦プラン（キャリア教育総合計画）」について、文科省が「将来を担う若者の人間力強化を目指しています」(4)と述べ、「人間力」という意味不明瞭な言葉を用いざるを得ないように、「キャリア」を即戦力的で、実践的で、育成されるべき能力であるととらえればとらえるほど、その概念の曖昧さは増していかざるを得ない。なぜなら、この議論には、次のような問題があるからである。第一は、就労し、自らの人生を作り上げていくべき若者自身の、いわば生きるということそのものと就労との関係をとらえるという視点が欠落していること。第二は、社会の流動化にともなう雇用不安やニートやフリーターという従来型の就労をしない大量の若者の出現によってもたらされる社会的な動揺を回避するために、若者たちを「就労」へと導き、彼らの職業意識を高め、職業能力を向上させることで対処しようとする観点しか存在していないこと、である。そこには、従来の「学校から就労へ」という新卒就労の社会的慣行が崩れ、労働市場が流動化する中で、若年者の不安定雇用がもたらす社会的な負の側面（年金や税収の問題とともに、社会秩序の動揺など）を回避するという社会防衛的な観点しか存在していないように見える。昨今のように変動し、流動化する社会においては、求められる人的能力そのものが流動化しているのであって、このような観点から、それを「キャリア」として定義しようとすると、個別具体的な能力を示すことは不可能であり、曖昧な概念を提示する他はないのである。

それ故に、この観点からは、本田由紀が指摘するように、コミュニケーション能力や人間関係形成力など、本来、個人の人格や個性に属するようなものまで「能力」化されて、測られ、育成され、評価される対象とならざるを得ない。このような「能力」観では、能力の評価は、従来の職能や技能としての能力、いわば計測可能な能力をとらえようとすることから、個人の全人格と深く関わり、本来的に計測不可能であるものを「能力」として取り出し、それを他者が「まさぐる」（さらには「いじる」）ことへと移行せざるを得ない。しかも、この「能力」は、個人の人格や個性・特性に属するものであるがために曖昧なものである。そのため、いったん「能力」化の対象とされてしまえば、いくらでも個別の「能力」として分節化が可能であり、他者が恣意的にいじることを容易にしてしまうという性格を有している。働く人の人格を他者が恣意的にいじり、歪め、評価し、否定してしまうことが可能となるのである。これを、本田は、従来型の能力主義（メリトクラシー）から、他者（とくに企業や行政）によって人格そのものをまさぐられ、評価される「能力主義」（ハイパー・メリトクラシー）への移行だと指摘する。(5)

そして、そうであるがために、このようなキャリア教育では、若者たちは救われないと玄田有史はいう。たとえば、ある人のコミュニケーション能力は単にロジカル・シンキングや話す力によって規定されるものではなく、その人の他人の言葉を聞こうとする意思や、職場がもっている人間関係や文化に規定されるものである。それは、その人を取りまく社会的文脈の総合的な表現である他はないもの、つまりその人の人格そのものであるほかはないものなのである。

「キャリア教育」は、この人格そのものであるほかはないものを他者が育成し、即戦力として評価するものへと組み換えて、それを若者に強いつつ、彼らを即戦力的で、個性的な「人材」へと育成しようとする。ここに若者たちの「生きづらさ」の根拠があり、ニートはそれを一身に体現している存在だと、玄田はいう。(6)このような「人材」は真の意味で個性的な存在であることはできないのに、そのように自らの人格をまさぐられ、いじられることを求める圧力を前にして、若者たちは立ちすくんでいるというのである。

キャリアをとらえあぐねているのは、経済界も例外ではないように見える。たとえば、日本経団連教育問題委員会企画部会長の宇佐美聰は、「決まったマニュアル通りに行動することを教えるような」「まちがったキャリア教育なら、やらない方がましだ」と述べた上で、企業が求めている力とは「志と心」「行動力」「知力」であり、教養も含めて人格的なものを大学で養うべきだとしている。(7) これは、企業の示すキャリア教育であるといってよいであろう。しかし、このようなキャリア観では、宇佐美本人のいう「まちがったキャリア教育」しか行い得ないのではないか。事実、宇佐美は同じ発言の部分で、次のように述べている。大学は「授業の質の向上をめざしてほしい。」「社会人としての基礎となる知識をしっかり身につけさせてから卒業させるべきだ。」「仕事の質を高めていくためには、専門以外の知識も必要だ(8)」と。

ここで宇佐美が指摘しているのは、従来、教養教育として、人間性の陶冶の領域で語られてきたものではなかったであろうか。それを「キャリア教育」の重要な中身であるとしてしまうと、それは近視眼的なめまぐるしく変わる職能や技能に左右される人間性としてとらえられざるを得なくなる。それは結局、人格をまさぐり、いじることになり、結果的には企業が求めているはずの「志と心」「行動力」「知力」を身につけさせることは困難となって、そこで行ない得るのは、ある尺度でとらえ、測ることのできるマニュアル化された「キャリア教育」でしかなくなってしまうものと思われる。

このようであるがために、文科省は「キャリア」というものに「人間力」という曖昧な概念を用いざるを得なかったのではないか。しかし反面、ここにある種の逆説が生じていることにも注意を向けるべきであろう。つまり、「キャリア」が即戦力的で、実践的で、育成されるべきものという概念では括れない何ものかをもっているからこそ、文科省をはじめとする「キャリア教育」推進者たちは、「人間力」というきわめて曖昧な概念を用いざるを得なかったのではないかということである。社会が求めているのは、職能やそれに規定される技能というような明示的な能力ではなく、より曖昧で、ロジカルにはとらえきれない何ものか、各個人の人格そのものにかかわるようなより個人的で、概念化が困難な何ものかの力なのである。「キャリア」とは本来そういうものであることを、政府の施策自体が示しているといってよい。そして、それは政府の施策が自己矛盾を抱え込んでしまっていることを示唆している。しかも、ここで「人間力」という概念を抱え込むことで、行政の対策としての「キャリア教育」はきわめて個人的な領域へと組み換えられる方向をもってしまうことになる。

(三) 個人の存在意味を社会関係の中で問う概念としてのキャリア

この個人的な領域への組み換えは、また次の二つの相反する方向へと展開する可能性をもつものと思われる。一つは、「キャリア」をきわめて利己的にとらえて、他者の存在を否定するような関係の中で、自己利益だけを考えて、就労し、職業生活を送るという方向である。二つは、「キャリア」を自らを社会的に認知される存在へと形成する行為や働きであるととらえて、他者との相互承認関係の中で、自らの存在を他者から認知されるものへと高めていこうとする、その過程で職業がとらえられ、働くということの意味がとらえられるという方向である。そして、既述のような行政的な「キャリア」のとらえ方では、人々は「キャリア」の前に立ちすくんで、ニートやフリーターへと転じていくか、または前記の第一の「キャリア」へと利己的に突き進んでいかざるを得ないのは明らかであろう。

ここで問われているのは、第二の「キャリア」をキャリアとしてどうとらえるのかということである。それは、キャリアがその個人にとってどのような社会的な意味をもつことができるのか、キャリアがその個人の社会的などのような文脈に位置づきつつ、その人の社会的な存在へと開かれていくのかということであろう。

アメリカの「キャリア教育の父」と呼ばれるK・B・ホイトは、次のように語っている。(9)

（キャリア教育においては）ライフスタイル全体における「働くこと」の意味を人間的に理解することが必要である。「働くこと」とは、私たちが、何かをしようと思い、何かを成し遂げようと思い、何かをすることを通して何ものかになろうと思う、という人間的欲求に応える方法のひとつとして概念化されるべきである。つまり、人間はその人の行為を通して他者に理解される。言い換えれば、人間はその人の「働き」を通して自分は何者かを他者に示すのである。

このような観点に立ったとき、キャリア教育の対象者は、若年者に限られる必要はなくなる。キャリア教育は、むしろ、すでに「働いて」いる中高年者にとってこそ重要なものなのである。ここにおいて、キャリアという概念そのものが、すでに働き、また働き終えた人々にとって、「働くこと」がその人の人生にとっていかなる意味をもっているのか、またその人の人生が「働くこと」とどのような関係をもっていたのかという、その人そのものが社会において、どのように生を全うしようとしているのかを問うことへとつながっていくものであることは明らかであろう。

以下、本章では、このような観点に立って、中高年者なかでもシニア世代の人々のキャリアのあり方を、いくつかの事例を挙げて考察する。

二　変動する社会とシニア世代のキャリア

(一) 自殺者統計の示すもの

シニア世代のキャリアの検討に入る前に、シニア世代のキャリアが問われる社会的な背景、つまり日本社会の大きな変動について概観しておく。

日本社会の大きな変動は、次に示すような自殺者数の急増という形へと収斂しつつ、その一つの特徴を顕著に描いているように思われる。日本の自殺者数はここ数年約三万二〇〇〇名前後を推移している。この数字については、日本は従来から世界的な自殺大国であるとの指摘もあるが、対人

〈図3-1〉　年間自殺者数の推移

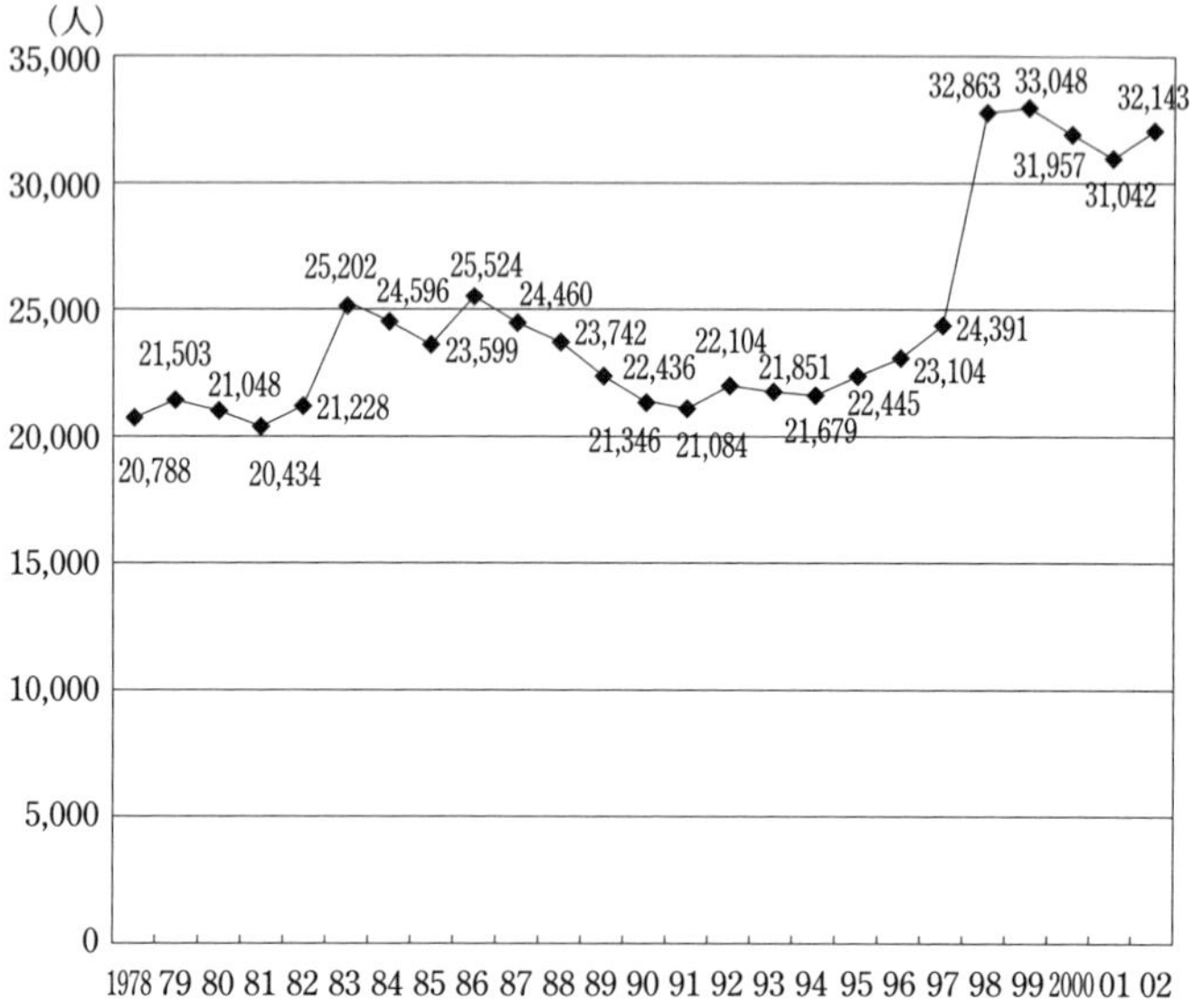

（警察統計資料より作成）

口比つまり人口一〇万人あたりの自殺者数は、一九九〇年代半ばまでは一七人から一八人であり、フランスとほぼ同等の率を示していた。しかし、それが一九九〇年代末から急増傾向を示し、二〇〇一年には人口一〇万人あたり約二四人という数字を記録している。これは、ヨーロッパ諸国と比較してもかなり高い数字である(10)。

年間自殺者数の推移を見てみると、図３－１のようになる。一九九八年を境に、それまで二万名台前半を推移していた自殺者数が、対前年比八五〇〇名増という形で跳ね上がって三万二〇〇〇名を超え、その後、高原状態を続けていることがわかる。

〈図3-2〉　職業別自殺者数の推移

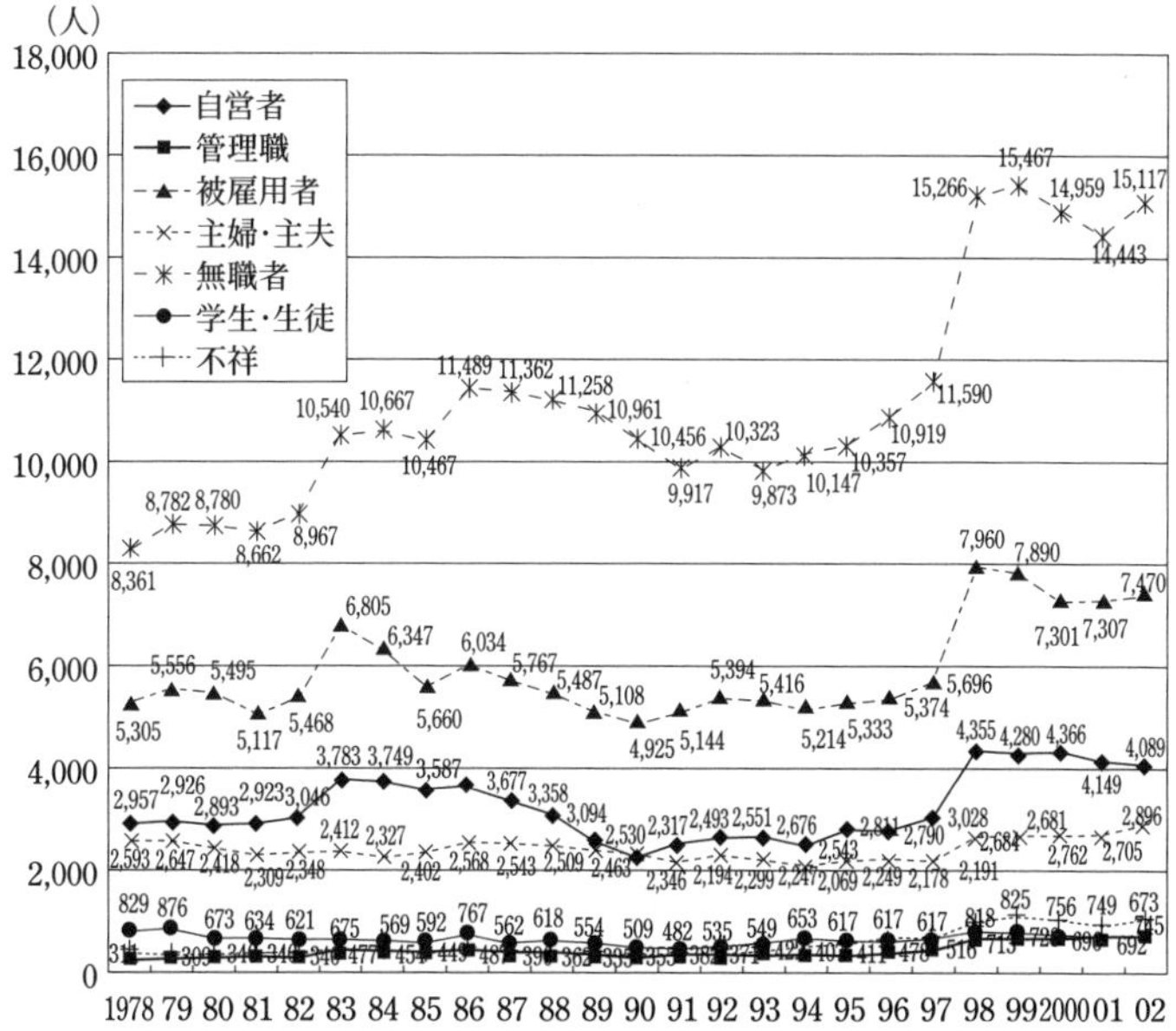

(同前)

二〇〇三年には、ついに三万四四二七人にまで増加している。[11] これを自殺者の職業別に見たものが図３－２である。一見して明らかなように、無職者が多く、さらに被雇用者・自営者がそれに続いている。ここで注目したいのは、この三者は従来から自殺者の中で占める割合はかなり高かったが、とくに一九九八年を境に自殺者数が急増したその急増分がこの三者によってもたらされているという事実である。このことは、自殺者数急増の要因は、いわゆる「リストラ自殺」であることを示している。

　この場合、「リストラ自殺」とは、企業においてリストラされ、職を失った人々が自殺することを指すのみ

〈図3-3〉　自殺者の年齢・性別構成（2002年）

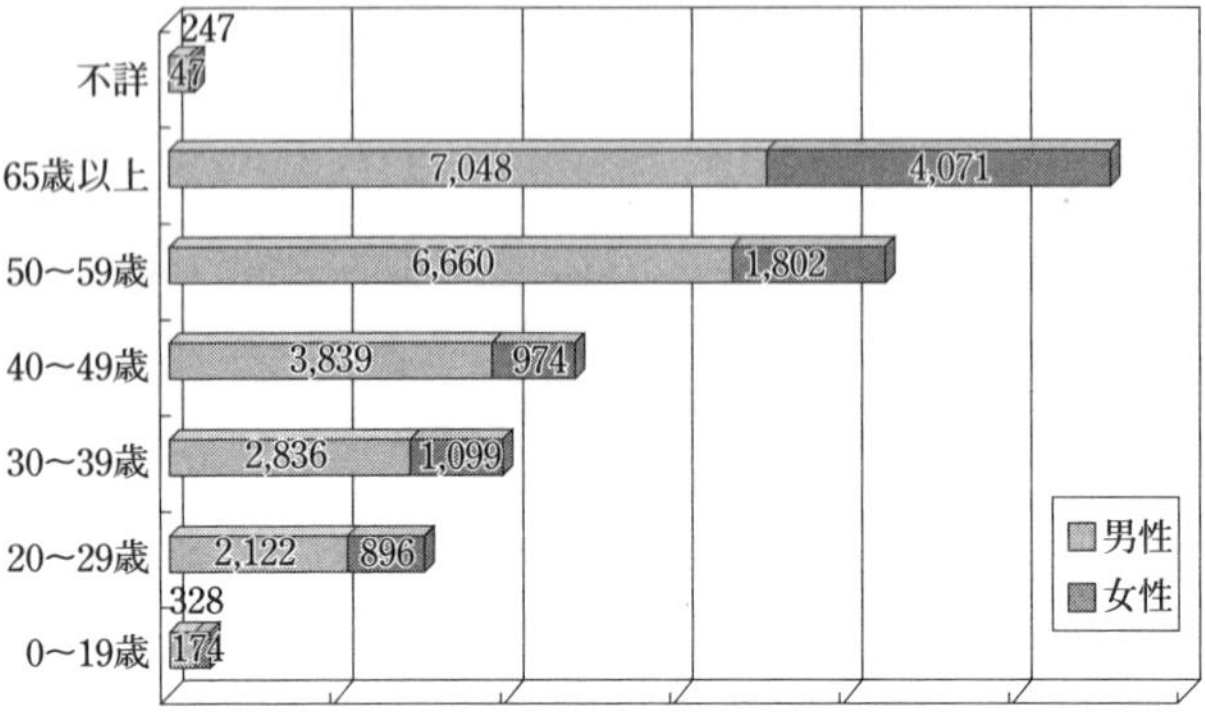

（同前）

ならず、リストラされずに企業に残った人々も労働強化によって過重労働が重なり、それが心身症をひきおこして自殺に至った例や、また長引く不況で企業経営が立ちゆかなくなり、従業員に自らの生命保険金で退職金を支払うために命を絶つ自営業者の存在などを含み込んでいる。それ故に、自殺者数の内訳は、図3－3のようになることは半ば必然であった。自殺者のうちでその四〇パーセントを占めるのは、四〇歳代、五〇歳代の人々であり、そのうちの約八割が男性なのである。とくに五〇歳代の男性の自殺者の増加が激しく、一九九七年に三九六九名であったものが、翌九八年には六一〇三名へと五三・八パーセントも増加し、二〇〇二年には、図3－3に示されるように六六六〇名を記録している。働き盛りの男性が、自殺者の主流を占めているのであり、それは日本社会の大きな変動がもたらしたものであることを示唆しないではいない。とくに、一九九八年は、大企業を中心として従業員を解雇するいわゆるリストラが大々的に断行され、リストラをする企業の株が上がるという異常な現象が日常化し始めた初年である。

しかも、これら「リストラ自殺」者については、精神科医である高橋祥友は、自らの臨床経験から次のように語っている。「四〇～五〇歳代の人々は組織に自己を同一化させている最後の世代と言ってもよいだろう。[12]」「仕事一筋で生きてきた人が、その仕事における価値を否定されてしまうと、全人格を否定されてしまったかのように受けとめてしまう危険がある。[13]」「問題を複雑にしているのは、この世代の人々が組織に自己を同一化させる最後の世代といってもよい点である。……この世代の人々はこれまで忠誠を尽くしてきた組織から『不要』のレッテルを貼られてしまうと、即、自己の存在価値を完全に否定されてしまうととらえかねない。」「核家族化、都市化、個人主義化している現代社会にあって、以前ならば、個人をサポートする地域のシステムがあったのだが、そのシステムがごく限られたものになっているという点」も「事態を複雑にしている」要因である。[14] 家族や地域社会の解体と市場化も、「リストラ自殺」急増の隠れた要因なのである。

高橋は、さらに次のように続けている。「自殺はけっして選択された死などではなくて、様々な理由から自殺しか選択肢がない状況に追い込まれた、いわば強制された死であるというのが、精神科医としての私の持論である。[15]」

この「強制された死」としての自殺が示すのは、次のようなことである。つまり、錯覚であれ、幻想であれ、従来、私たちをより大きな存在の意味へと結びつけていた、そして自らの社会的アイデンティティの収斂する場として考えられていた家庭や企業や地域社会そして国家という集団から、人々とくに働く人々が排除され、またそれらの集団が解体することで、人々の社会的な存在意義の根拠の崩壊が招かれているということである。

(二) グローバリゼーションと国民国家=福祉国家の解体

このような個人の社会的アイデンティティの危機は、現実には、グローバリゼーションの進展と深い関わりがある。今日私たちが直面しているグローバリゼーションは、基本的には、新自由主義経済のグローバル化である。それは一面で、アメリカ中心の金融資本による世界的な新たな秩序形成に見えながらも、他方で、アメリカそのものの脱中心化・流動化を進めながら、拡大していく、ある種の規律・秩序を全般化しつつ、グローバルな管理を進める、開かれた世界構造として立ち現れている。

この目に見える現象が、世界全体をマネーゲーム化していき、実体経済の立ち上げではなく、ミニバブルの生成と崩壊によるマネーの集中と離散を繰り返して、富を一部の人々に集中させようとする金融資本による世界単一市場化である。このマネーゲームにおいては、仕掛ける側つまり親が勝ち続けることになり、一部の富める者とその他大多数の貧困者という社会階層の極端な二極分解が進展することになる。(16)

この社会的構造の変容のひとつの形が、私たちが今日依存している福祉国家体制の解体・崩壊である。福祉国家の基本は、財政による所得の再分配と国民である人々の国家への忠誠心の動員とによって構築されている。直接税を基本とする財政機能を動員して、人々の間に所得の再分配を行ない、生活保障を進めることで市場を拡大し、一国単位の経済発展を促す一方で、人々の国民化を推し進めて、国家への求心力を強めることができる制度として、福祉国家は機能してきたのである。いわば、一国の経済＝人々の個別の家計を基礎にして、人々の生の営み、つまり文化を国民経済へと構成し直しながら、それを国民文化として形成して、一国の枠組みを強化し、世界的な国家間秩序の中で、中心化・領土化を進める政治が福祉国家であったのである[17]。

しかし、グローバリゼーションの進展は、生産拠点が福祉国家である先進国からいわゆる発展途上国へと転移し、福祉国家内部の経済を実体経済から金融経済へと移行させ、世界単一市場化が進展していくことを意味している。この結果、福祉国家において福祉を維持する意味が政治的に後退さらには消滅することになる。財政による所得の再分配＝福祉は本来、国内市場の拡大と均質な労働力の創出を中心的な課題として構築され、かつその市場規模の拡大を目指しつつ、民衆の国民化＝中心化を保障するシステムであった。しかし、それは生産拠点の海外移転と金融経済の世界単一市場の形成による一国規模の経済、つまり国民経済の解体によって、無意味化してしまう。しかも、実態として、生産拠点の海外移転とそれに付随する雇用の減少によって、直接税を中心とする税収の極端な落ち込みが財政破綻を招き、福祉国家制度の維持を困難なものとすることになる。

このことは、これまで国家という経済装置を枠組みとして形成されてきた政治の解体を意味せざるを得ず、政治の解体は、私たちの生活様式でありかつその規定でもある文化、すなわち国民文化の解体をも導かざるを得ない。自らの日常の生の様式を収斂させ、社会的なアイデンティティを担保する国家、すなわち自らの存在を生活様式において意味あるものへと編み上げる媒介であり目的であった、だからこそ忠誠心の対象でもあった国家を失うことで、私たちは自らの固有の存在を担保する根拠、つまり自分の生の意味の十全性を担保する根拠を失うことになるのである。社会的アイデンティティ、すなわち存在の意味を確保することができなくなるのである。

しかも、このグローバリゼーションは、国家を解体するだけではない。それは、私たちの生活の場において、国家との間に介在し、国家へと私たちを解消してしまわないための根拠、つまり私の存在の意味を担保する集団を根こそぎ解体へと導いてしまう。これらの集団とは、私たちが国民として形成される過程で、国家と私との間に重層的に介在する中間的な集団、すなわち地域社会や企業（会社）それに家庭という、これまでであればその存在は自明であった帰属集団のことである。この帰属集団の解体が、私たちの存在＝命の社会的な意味の曖昧化、そして生産と労働からの排除による存在の無意味化、つまり社会的生の否定を推し進めることになるのである。

（三）経済成長と働くことの社会的排除がもたらしたもの

しかも、前述のようなグローバリゼーションは、日本においては、少子高齢・人口減少社会とマイナス成長社会とが結びつくことで、さらに加速されているという面がある。

日本がこれまで採用してきた経済システムつまり福祉国家は、テーラー主義にもとづく大量生産システムとそれを支える分業体制に、ケインズ主義の積極財政を組み合わせたものと理解される。福祉国家政策の基本であるケインズ主義的な積極財政は、経済成長を実現し、人々の飢餓的貧困からの解放という基本的なニーズを満足させるために、市場の不断の拡大を不可欠としている。そのためには財政を動員して、富の再分配を推し進め、社会的な貧困層や、労働力として社会に参加できない人々、たとえば子ども・高齢者・障害者など社会的な弱者へも、社会保障を充実させることで市場への参加を保障することが必要となる。市場が常に拡大し続けることで、大量生産システムは生産性を拡大し、それがさらに財政収入を増加させ、社会保障を充実させるという循環が形成されることが予定されるのである。それを可能にしたのが、所得税と法人税を基軸とする直接税中心の税制による所得の再分配であった。こうした所得再分配の国家としてケインズ主義的福祉国家が機能することで、人々の国家への忠誠を調達することができ、国家的な統合が強固なものとなるとともに、人々が人間として生活するための基本条件が財政によって保障されることで、市場経済における敗者復活のためのセーフティネットが準備され、市場経済が活性化することが予定されていた。

しかし、このケインズ主義的福祉国家は、人々の飢餓的貧困からの解放という基本的ニーズを一国の市場において充足するために、労働生産性の不断の向上を宿命づけられており、テーラー主義と親和的たらざるを得ない。それが、生産労働と生活との乖離、生産労働における熟練と社会的意味の解体を導き、このことがさらに人々の社会システムへの従属、つまり動員された忠誠にもとづく国家機構への統合と、労働する意味の解体による疎外をもたらすことになる。つまり、人間の社会システムへの従属と生産労働における機械への非人間的従属を招き、人々の人間としての自己実現を不可能なものとしてしまうのである。

しかも、この福祉国家は、前記の基本的ニーズが満たされた後、テーラー主義に基づく分業体制が生産性を低下させることで、経済発展に行き詰まることになる。貧困からの解放という基本的なニーズが満たされた人々は、より高次な需要へとその欲求を移行させる。人々は、労働が分断、単純化されて、労働する意味すら与えてくれない分業体制に参加して、自らの生活を立てていこうとする動機づけに欠けるようになるのである。労働への動機づけが低下した労働力は生産性が低下し始める。しかし分業体制においては、これに対して労務管理の強化や労働生産性の強制的な強化という手段をとって、生産性を維持または増大する方策がとられるほかはない。そして、それがまた労働者の生産への動機づけを低からしめるという悪循環が生まれることになる。ケインズ主義的な福祉国家においては、生産の現場では、技術革新を不断に継続することにより、労働者一人あたりの生産性を向上させ、それが単純化された労働を担う労働者に高い賃金を支払う基本的な条件となっていた。しかし、労働者一人ひとりの動機づけが薄れ、生産性が低下するにつれて、経済発展を維持するために、単純化された生産労働を機械によって代替させて、生産性を維持・向上させようとすることになる。それは、その後さらに、中間管理職によって担われていた労務管理的な業務をも、単純労働と機械による管理へとおきかえ、労働の場から人間を排除する傾向を強めざるを得なくなる。なぜなら、ケインズ主義的福祉国家においては、生産性が低下し、経済発展が行き詰まることは、財政が所得の再分配機能を果たし、人々の富の拡大のために市場を拡大し続けるのに必要な財源の確保が困難となることを意味するからである。

ケインズ主義的福祉国家は、人々をいわば非人間的に使用する経済システムの採用によって、貧困からの解放という基本的ニーズの充足には成功した。しかし、そのことが自らの基盤である経済発展への人々の動機づけを掘り崩すことになってしまうのである。その上で、さらに、その政治的機能を維持しようとすることで、その本来の目的である人間の福祉つまり生命の保全と自己実現の保障を基礎とする人間としての尊厳の実現を、人間を労働の場から排除することで自己否定してしまうという悪循環に陥ってしまうのである。

しかも、昨今の経済のボーダーレス化つまりグローバリゼーションの進展が、ケインズ主義的福祉国家を支える財政の機能を弱体化することになる。つまり、市場経済がボーダーレス化して、資本が国境を越えて動き回ることで、財政による所得の再分配が困難になるのみならず、経済のボーダーレス化が福祉国家の一国主義的な市場経済を無意味化するために、所得の再分配による福祉の拡充というケインズ主義的戦略そのものが無用化することにもなるのである。

このような福祉国家の機能不全に直面して、今日、採用されているのが新自由主義的な改革である。それは一方で、リストラの強行による労働生産性の向上を図り、他方で、従来、財政の出動によって社会的弱者を市場経済に参加させ得ていた領域までをも市場化して、社会的弱者を搾取の対象としつつ市場を拡大し、一部の人々へ富＝マネーの集中を進めようとするものである。市場経済によって解体されてしまう家族や地域コミュニティの機能を、財政出動によって代替すること、つまり市場経済の外側で所得の再分配を行うことで、より多くの人々の市場経済への参加を保障しようとするのがケインズ主義的福祉国家の骨格であった。これに対して、新自由主義的改革の枠組みは、市場経済が解体してしまうこれら家族や地域コミュニティの機能を、さらに市場によって代替させようとする。つまり、人々が生活していく上で本来的に必要とする必須の財やサービスをも市場化して（＝公共の市場化）、貧富の格差を是認し、市場をいわば強制的に拡大することで、人々の生活のあらゆる場面を市場化しようとするのである[18]。

以上に見られるように、福祉国家政策と新自由主義的改革は、根本的には、経済成長を目標としているという意味で同じ構造をもっており、しかも、経済成長を追求すればするほど、そこでは労働は生活から乖離し、労働過程が分断されて、労働に従事する人々の存在と無関係になり、労働が人々の尊厳を脅かすようになり、さらに労働の場から人々を排除する、つまり労働者が生活を自らの具体的な生のあり方とかかわらせて自らのものとすることができず、自分の生存そのものを社会システムに握られるという必然的な帰結をともなうという共通項をもっているのである。

そして、この労働の問題は、ケインズが想定した人間の欲望が無限に可塑的で拡大可能なものであるのかという問題、つまりこの想定にもとづく総需要創出政策が、有効に機能し得るものであるのかという問題を導くことになる。

（四）何が奪われ、失われたのか

以上の記述から明らかなのは、マズローの欲求段階説を例にとれば（マズローの欲求段階説そのものは根拠がないとされているが、今日でも、経営者の間では影響力のある仮説ではある）、ケインズ主義的福祉国家は、人々の生理的欲求から安全欲求、さらには集団帰属の欲求を満たしたあとの相互認知をともなう自我欲求、さらには自己実現の欲求に応えられるものではないということである。その上、新自由主義的な改革は、ケインズ主義的福祉国家が与えていた集団帰属によるアイデンティティをも解体して、人々の自我そのものを否定するような方向に動いている。昨今の日本社会の構造改革と企業の成果主義の採用は、働く人のアイデンティティを解体し、生きる意味そのものを奪い、否定する構造的な仕組みと性質をもってしまっているのである。先述の「リストラ自殺」がそのことを象徴的に示している。

高橋伸夫のいうように、働くこととは本来、自らの基本的生活が保障されるだけの物質的な基礎が確保されているとき、金銭的な報酬以外の何ものか、つまり精神の至高性によって、人々に生きているという強い実感と満足を与えるものである。それが故に、働くこととは、自らが努力し、工夫して、その仕事をより十全に満足のいく形で成し遂げようと、自らの力を高めていくものであった。それはつまり、仕事を通して、職場の仲間と認め合い、励まし合える相互認知にもとづく自我欲求の充足であり、仕事を通して、自らが社会的に位置づけられ、自分が高まっていくことを実感できる自己実現欲求の充足を実現するものとしてあったはずである。(19)

従来、日本型雇用慣行と呼ばれた年功制が採用されていた時期において、働くことは、自らの生理的な欲求や安全の欲求を社会的に満たした上で、集団への帰属による親和欲求を実現し、その上に、仕事を通した自己形成による自我欲求と自己実現欲求を達成しつつ、さらに自己を向上させることが自らの満足に還ってくるという構造をもったものとしてあった。つまり働くこととは、金銭的な価値に左右されない、自己のより高い精神的な価値を実現するという性格をもつ人々の行動なのであった。それはまた、日本的な年功制という雇用慣行によって現実のものとして機能することが保障されていたものであった。

しかし、昨今の新自由主義的な改革は、成果主義を導入して、働く人々を、カネという価値で測られるべき対象へと組み換え、生理的欲求と安全欲求すらも満足に満たされない状態におくことによって、彼らのアイデンティティと社会的な意味を剥奪し、否定することで、マズロー欲求段階説の低位の段階に押し留めてしまうものであるといえる。それはまた、人間をより物質的な低位な段階に押し留め、至高の精神性に向けての発達を否定するものでしかあり得ないのである。

このような社会構造の中で、「キャリア」を職業につくこと、または職業経験がもたらす能力であるととらえ、「キャリア教育」をエンプロイアビリティの向上や就労支援であると、短絡的に結びつけて、若年者を含めた人々を就労へと導いていくことは、彼らをハイパー・メリトクラシーの網の目に組み込み、「人間力」という本来的に個人の人格にかかわるものを、外部から評価され、価値づけられ、自己の人格そのものを外部者にまさぐられ、意味を否定される存在へと組み換えてしまわざるを得ない。つまり、精神的な至高性に支えられた社会的存在として自己を形成することを支援するキャリア教育ではなく、物質的な価値に縛られた、低位な欲求によって定礎される、他者から管理される存在としての人材を育成するための「キャリア教育」へと、キャリア教育の性格が組み換えられることになるのである。生理的欲求と安全欲求の保障を欠いたまま、かつハイパー・メリトクラシーにおいて自らの人格を外部者によってまさぐられ、いじられることで、食い扶持をめぐってあくせく働き、他者と争う人材として育成されるものへと、多くの人々の存在を組み換えてしまうことに、「キャリア教育」が加担することになるのである。ここにおいて、ニートやフリーターが救われることはあり得ない。

（五）自己実現としてのキャリアへの視点を

繰り返しになるが、キャリアへの視点で求められるのは、それを単に「働くこと」やそれによってもたらされる経験であると定義するのではなく、「働くこと」のもつその人一人ひとりの人生にとっての意味を豊かにするために、その人がどう生きるのかという、より深い哲学的な意味をキャリアにもたせることである。キャリアとは、ホイトがいうように、働くことの意味を充実させるために、その人の人生において、組織と自分とのかかわりの中で、自分の存在意義を確立する過程のことであり、マズローの言葉を借りれば、自己実現に向けて、社会と自分との関係において、自己の価値を高めていく過程のことである。つまり、キャリアをとらえる時に必要なのは、個人の発達に関する価値志向的な営みという視点を明確にするということである。

ホイトは、キャリア教育を社会運動であるとして、次のように定義している。「働くことを重んずる社会（work-oriented society）における諸価値に精通し得るよう個人を支援し、それらの価値を自らの価値観に組み入れ、働くことが誰にとっても可能となり、意義を持ち、満足できるような生活を送れるよう支援する、公教育および社会全体の運動[20]」である。「働くこと」が社会的な関係の中でとらえられ、それがその人個人の社会的な意義と存在価値につながるというかかわりの中でとらえられていることは明白であろう。そして、そうであれば、「働くこと」は単なる生活の糧を得るための職業とは異なることになる。社会的な関係の中で自己の存在意義をとらえることができるからこそ、その社会は、働くことを人々が尊重する社会となるのである。この社会では、人々が働くということは、単に自分のためだけにカネを儲けるというような利己的な行為ではなく、自分のためつまり自分の社会的な存在意義を獲得するために行うことが社会のためにもなるというある種の循環の過程において、自己を実現しつつ社会をよりよく形成していく、その過程にかかわっている自分を感じ取ることができる。だからこそ、ホイトは、同じ文脈の中で、人々は金銭的な報酬の有無にかかわらず、働きたいと願う、そういう社会が実現すると指摘している[21]。

既述のように、文科省のいう「キャリア教育」がきわめて狭い「キャリア」観から導かれており、その「キャリア教育」は、社会的にひらかれた存在として自己を形成し、自分の社会的な存在意義を感じ取れ、自己実現の充実感を獲得できる存在へと人々を形成し得ないことは、明らかであろう。

〈表3-1〉　発達観の３つのモデル

モデル	成人期以降の発達	イメージ	年齢の役割	重要な次元
成長―社会化としての発達	考えにくい		きわめて重要	身体
生涯のプロセスとしての発達	考える		重要	役割
自己実現としての発達	考える		あまり重要でない	精神

（堀薫夫『教育老年学の構想――エイジングと生涯学習』、学文社、1999年、p. 31より）

このような文科省をはじめとする行政的な「キャリア」イメージは、実は、古い人間の発達観とさらに少子高齢社会において、労働力人口が減少することを危機であるととらえる社会観によってもたらされている。たとえば、堀薫夫は、教育学研究における人間の加齢と発達に関する観点を、次の三つにまとめている[22]。表３－１を参照されたい。

第一の発達観は、「成長―社会化としての発達」とでも呼ぶべきもので、人間の生物的・生理的条件を重視し、子どもが成長しておとなになるまでの過程を発達と見なす立場である。それ故に、成人してからの発達は考慮されないか、成熟としてとらえられることになる。そして、この観点からは、人間の変化の過程つまり人生は「成長―停滞―老化」というイメージでとらえられることになる。これはまた、近代産業社会における人口の増大と経済の拡大という量的なものの増加をよいものとする価値観に定礎された「拡張―衰退」モデルであるといえる。

第二の発達観は、「生涯プロセスとしての発達」と呼べるもので、個人と社会的過程との相互作用として人間の発達をとらえようとするものである。この立場は、人間のライフコースの途上にあるその時々の役割をとらえることで、発達上の諸課題をとらえ、それを克服する手だてを考えようとするものである。いわゆるライフサイクル論や行政的なイメージにおけるキャリア・サイクル論はこの立場に則ったものである。この立場では、個人の変化だけではなく、社会的な役割の変化も重要な要素であるととらえられることになり、生涯にわたって、役割が変化することで、発達が続けられるものととらえられる。

第三の発達観は、「自己実現としての発達」ととらえられるもので、人間の精神的側面や自我の側面を重視して、人間の発達を一生にわたって価値を実現しようとする志向に貫かれたものだととらえるものである。この立場は、人間の精神や自我は、生涯にわたって形成されるものであり、そこには各個人の価値志向性が貫かれる、意識的な過程であるとの観点にもとづいたものである。

このように見てくると、ホイトらの提唱するキャリア観とは、第三の発達観と親和的であることがわかる。この第三の発達観に定礎されるキャリア観は、既述のようにアイデンティティを解体され、自己の社会的な存在意義を見失っている多くの人々が、狭い意味での「キャリア」から解放されて、改めて自分を確立するために必要なものであり、それを明らかにすることが求められる。

このようなキャリア観を確立するためにも、現在すでに、狭い意味での職業生活を終えてはいるが、ホイトのいう意味で「働くこと」から降りてはいないシニア世代の価値観や生きることへの志向をキャリアとしてとらえつつ、そのあり方を検討することは、必要なことであると思われる。それはまた、超高齢社会の到来と社会の構造的な変容がもたらす社会変動の中にあって、人々はどのように自らのキャリアを形成していくことができ、またどのようにキャリアを形成していくべきなのかを考えることで、古い「キャリア」観から新たなキャリア観への視点の転換を導くものでもある。以下、筆者の実践を基礎に、シニア世代のもつ人生への視点と彼らの志向を概観し、シニアの人々が自らの価値を実現するとはどういうことであるのか、そしてその観点から私たちがキャリアを形成し、社会で生きるとはどういうことであるのかを考察する。

三　「つながり」の感覚と自己確認

これから紹介する実践は、次の二つである。一つは、規制緩和・構造改革によって空洞化が激しい地方都市における、中心市街地の活性化のための住民の学習実践。二つは、団塊の世代の大量定年を控えて、定年退職予備軍の人々が自らの人生を振り返りつつ、次の人生を見通すことを支援するために、ＮＰＯ法人と連携して行なった「ＮＰＯシニア大学」の実践である。

これらは、各々実践の目的をもっており、シニア世代のキャリア形成支援のためのものではないが、実践を行うにあたって、また実践の後に、対象となるシニア世代の人々や実践に参加したシニア世代に対して意識調査を実施しており、そこから彼らの抱いている価値観や意識、さらには人生に対する態度や志向を明らかにしようとしている。以下では、これらこれまでの実践においてとらえられたシニア世代の価値観を中心に、彼らが何を求めているのか、それが前記のような自己実現としてのキャリアとどのような関係を結んでいるのかを考察する。

（一）まちづくりアンケートに見るシニア世代の意識傾向

はじめに、筆者が愛知県刈谷市の商工会議所・商工会とともに行なった中心市街地活性化プロジェクト「いきいき刈谷プロジェクト」においてとらえられた、シニア世代の意識を概観したい。

このプロジェクトは、経済の構造改革や規制緩和によって空洞化が進む中心市街地、とくにシャッター通り化が進み、人間関係が切断されることで、人々の生活が荒れていく商店街を抱える地域において、住民自らがまちづくりの主体となって、まちを再生する契機をつくるために行なわれたもので、地域住民への意識調査とそれにもとづく学習活動つまりセミナーの実施、およびそれをもとにした住民組織の形成とからなっている。まず、このプロジェクト開始時の住民に対するアンケートの結果からとらえられる、シニア世代の意識傾向を示せば、以下の通りである。

①中心市街地住民のシニア層は、ほとんどが市内在住三〇年以上であり、地域コミュニティに強い思いを抱いている。

②そのシニア層は、すでに社会的な生産の第一線を退き、第二の人生を悠々自適に過ごすことが許される世代ではあるが、仕事の継続への意識は高く、実際に在職の人も相当数に上ると同時

に、継続して仕事をしたいと答える人がかなりの数に上っている。

③家計状況は他の若い世代に較べて良好で、健康状態も決して悪くないと意識されているが、子ども世帯との同居または近くに住むことへの願望には強いものがある。

④社会参加への希望にも強いものがある反面、現在の社会参加状況は決して積極的であるとはいえず、どのように社会参加したらよいのか戸惑っている様子がうかがえる。

⑤シニア世代の役割については、地域社会への貢献や若い世代の相談役になるという回答もあるが、ほとんどは「自立して生活する」ことと答えており、強い自立志向を示している。

⑥関心事・学習したいことは、「情報・PC」、「シニアライフ」、「趣味」、「健康づくり」であり、自分の第二の人生を豊かにするための情報や生き方を教えてもらえるような、どちらかというと実用的なものを望んでいる。

これらの大まかな回答傾向から導かれるシニア世代の意識や感情は、以下のようになる。

①すでに六〇歳を超える年齢に達し、一仕事を終えて悠々自適の生活を送れる歳にはなったが、どのように過ごしていったらよいのか戸惑いを感じ、自分から仕事がなくなることへの漠然とした不安と寂しさから、家計とはかかわりなく、自分を感じ続けることのできる仕事を求めている。また、不安や寂しさから、子ども世代とつながっていることを実感したくて、同居また

は近くに住むことを希望するという選択がなされていると思われる。

②また、それは地域コミュニティにおいて、相互に関心をもち、助け合う、依存しあう人間関係が存在しているが故か、地域コミュニティにおける人間関係を重視し、それをベースに新たな人間関係をつくりだしていこうとするものというよりは、シニア世代が若い世代に遠慮しつつ、一歩身を引くような形で、反面、つながりを求めているという意識になっているものと思われる。

③それが、仕事の継続への意思や強い自立志向として現れているように思われる。しかし、このようなシニア世代の意識や身の処し方は、若い世代が家計的にも決して十分な余裕があるわけではなく、かつシニア世代との人間関係を煩わしいものと感じる場合、容易にシニア世代が孤立化し、自らの存在そのものの基盤を失ってしまう可能性があることをも示している。

④シニア世代が学びたいとして関心を強くもつものは、前記⑥に示す四つであるが、「介護」や「ボランティア」といった人間関係を基礎にしなければならないものが、他の世代に比しても低いポイントとなっている。これが地域コミュニティの人間関係があるがためにとくに強く意識されてはいない問題でありながら、若い世代に対するある種の遠慮や躊躇から導かれたものであるとするならば、すでにシニア世代は自分の存在が若い世代には受け入れられていないことを感じ始めているものとも見える。

(二) 自尊心とつながりの希求――シニア世代の意識

このようなアンケートの量的な処理から解釈されるシニア世代の意識傾向に対して、その地域に住む住民はシニア世代との関係をどのように考えているのか、アンケートの自由記述をまとめると、次のことがいえる。若い世代は、シニア世代に対して自立と社会参加を求めており、それがシニア世代のみならず若い世代との交流となることを望んでいるが、そこには、若い世代からのシニア世代への支援が織り込まれている。しかもそれは、手助けや援助という関係などではなく、シニア世代がそのもてる力を発揮して、地域社会で役割を果たすことを期待しつつ、自分も地域でシニアと一緒に活動できる関係をつくりたいと思い、シニアと地域社会の一員として交流しあいたいというスタンスをとっていることを見てとることができる。地域コミュニティにおいて、シニア世代が社会に出てきて活躍することを若い世代も期待しているし、それが若い世代との交流となり、コミュニティに相互信頼と共存の関係ができることを望んでいるのである。

では、シニア世代自身はどのように意識しているのであろうか。結論的には、彼らの自由記述からは、次のことがうかがえる。①彼らが強い自立志向と仕事への執着をもっているのは、若い世代に迷惑をかけたくないという感情とともに、さらにその基礎となる自分の尊厳の問題、自尊心と強いかかわりがある。②彼らは、「つながり」への強い希望をもっており、それを保障するような具体的措置を求めている。③その「つながり」とは、シニア世代同士による交流であるとともに、自分よりも若い世代との交流の感覚である。自分が彼らにとって有用であり、求められているという感覚をもちたいと希望しているのみならず、自分が彼らに認められ、受け入れられているという感覚をもちたいと希望している。つまり、自分の人間としての尊厳を基礎に、社会貢献したい気持ちと生きがいを得たい気持ちを強くもち、さらに自分が社会的に認知され、かつ世代的にも認められるという自己の存在の確認への思いをもっているということである。

彼らは、次のように語っている。

＊受動的に支援されるのでなく、社会貢献の場を提供することによって活力を得たい。たとえば、公園の管理委託、子供の交通事故防止のための点検など小集団で実施できるもの。（六〇歳代）

＊仕事型人間には延長業務を斡旋する仕組みが望ましい。趣味型人間にはその分野で自己実現できる場が多くあれば望ましい。そして自立的なシニア生活を考えさせる社会教育がもっとも望ましいのでは。（六〇歳代）

＊シニアが今まで生きてきた経験体験を現代の若い人達に理解していただくようなボランティアに積極的に参加できるような呼びかけと場所があれば自分が健康である限り生きがいとなってそれに今の若い方達がどのような生き方をするべきかの行方が理解していただけると思います。（七〇歳代）

＊喋り場―お茶飲んで少しおしゃれして雑談にふける場所がほしい。（七〇歳代）

＊シニア世代が明るく働ける職場。（八〇歳以上）

（三）セミナー受講後の自主的な動き

アンケートで以上のような意識の傾向が確認された後、本プロジェクトでは、希望の強かったパソコン・健康・生活提案・介護・中国語などのセミナーを実施した。受講後のアンケートでは、受講者はこのセミナーに十分満足し、高い評価を与えていた。それは、このセミナーが、営利目的のものではなく、受講者であるシニア世代の人々に新しい生活のあり方を体験してもらい、新しい生活へと一歩足を踏み出すきっかけをつかんでもらおうという、より高い意図からつくられたものであるからであり、このセミナーの意図を、受講者が知らず知らずのうちに感じ取っていたからだといえる。

しかし、受講者がこのように好意的な反応を示しているのは、それが単にこのセミナーの意図を彼らが正しく受けとめているからだけではない。このセミナーを仲間と一緒に受講し、自分が何か一つでもできるようになったことをうれしく思うという、自分を再確認する喜び、さらにせっかくできた仲間なのだから、これからも集まる機会を設けて欲しいと求めるように、自分が新しい仲間との間にひらかれていくこと、仲間に受け入れられ、自分が仲間を受け入れているという「つながり」の感覚をもつことができたという喜びなどに、このセミナーの受講が裏打ちされているが故なのである。多くの受講者は、継続を望み、また口コミで他の人にも伝えたいと書いている。寄せられた感想文のいくつかを例示しておく。

＊教え方がよく、すんなりとＰＣの世界に入れた気がします。ＰＣはむずかしいものと思い込んでいたけれど、楽しく受講できました。一緒に学んでいた人たちの熱心さに圧倒され自分も頑張れました。是非、同じ先生で次の講座をもうけて欲しいと思います。時間は今まで通りでも良し、ダメならパートを休んででも出席したいです。いろいろな講座をもうけて下さり、ありがとうございました。楽しく受けることができました。これからも続けてくださることを希望します。

＊あっという間に終わりました。そういうものがあったのかとか介護保険の受け方、内容などが詳しくわかり、大変勉強になりました。介護用品もこんなによいものがあるとは知りませんでした。少しですが、何となくいろんなことがわかったような気がします。せっかく学んだことをいかせるグループ作りができるとよいなと思います。

＊現在は営利目的の文化サロン、カルチャーセンターばかりで、街との共生がありません。公との接点のあるこのようなセミナーがもっと増えるとよいですね。中華料理店中心でもよいので、このようなことを続けていって欲しいと思います。

この意味では、このセミナーは、対象となった中心市街地のシニア世代の人々に、新しいつながりを生み出し、それが彼らの人間としての尊厳の感覚を沸き立たせ、仲間とともに自分を活かしていくことの楽しさやわくわくする感覚を感じ取ってもらうことに成功しているといえる。そして、それは、彼ら自身のまちに対する思いと重なりながら、彼ら自身によるまちづくりの活動へと展開していく契機をもつものであった。

このセミナー実施後、受講者であるシニア世代の人々の中から、まちを何とかしようという意見が出て、自らの手でまちを再生するためのささやかな試みを行なうグループである「いきいき刈谷友の会」が結成された。会員数は約二〇名と多くはないが、彼らは中心市街地に潤いを取り戻すための花いっぱい運動や環境美化運動、声かけ運動などを自発的に進める一方で、シニア世代の居場所をつくる働きかけを進めているのである。

地域コミュニティ住民とくにシニア世代は、職業から離れたところで、再び自らの尊厳と生きがいを取り戻すために、他者との「つながり」を求めている。そして、その「つながり」の中で、生活を営むことがさらに人々の「つながり」を強化し、人々に生きていることの実感を得させ、かつその地域コミュニティ独自の文化を生み出していく。本プロジェクトでは、このような、人々の関係を生み出し得る一つのきっかけがとらえられたものと思われる。そのキーワードは、つながりと尊厳・生きがい・自立・仕事・貢献である。

この「つながり」を重視するシニア世代の意識は、第一章で詳述した、筆者と民間企業との共同で、岐阜市において行われたシニア・プロジェクトにおける二回にわたるアンケート調査によって確認されるシニア世代の意識と重なりあうものである。そこでは、「つながり」を基礎に、尊厳と生きがい、そして社会貢献がシニア世代の価値観としてとらえられ、さらに自分を社会の能動的アクターとして形成していこうとする意識へと展開していた（第一章を参照されたい）。

シニア世代の新しい生き方は、自らの存在そのものを自ら確認し、また他者によって承認されること、つまり社会的・世代的に認められ、継承されることを求めるものである。それは、分業を基本とする産業社会の所有欲求を乗り越え、自分の存在が生きていることそのものであり、自分の生活が生きていることそのものであり、自分の労働が生きていることそのものであるような、十全感を生きていることを求めることへとつながっている。それは、モノを持つことに幸せを感じる生き方ではなく、人とつながっていることに幸せを感じる生き方を選択するということである。

四　人生を十全に生きること

(一) シニア世代の人生への意識と価値観

第一章や本章で見たように、シニア世代の人生に対する意識や価値観は、ホイトのいう「働くこと」を人生において意味づけるとともに、「働くこと」そのものが人生において意味づいてくるという、自己実現の姿をそのまま彼ら自身の言葉によって語っているものといってよいであろう。それは、端的には、社会の人間関係の中で生きてこられた、つまり人様のおかげで生きてこられた自分を感じ取るということであり、ここに生きていられる自分のあり方を、人とのかかわりにおいて確認することで、感謝するということに始まる、自己確認の姿である。そして、そこから、この感謝の気持ちを恩返しとして社会に還したいとの強い思いが生まれ、その思いを抱いている自分を確認することで、自分を意味づけること、そしてそれを実際の行動に移すことで、新たな自分を見つけ出し、自分の社会的な意味をより豊かに生み出すことにつながっている。しかも、このようなシニア世代の人々の自己確認の行動は、それが、無理をして他人に尽くすというものではなく、自分にとってかけがえのないもの、生きがいを感じることができるものをきわめていくことで、それが結果的に、人様の役に立っているという形で実現していることを求めるものでもある。

それはまた、自分という存在を、人様との関係にひらき、自分と他者との間で相互承認関係をつくりだして、自分の存在欲求を満たすだけではなく、自分が次の世代にかかわることで、自分の存在を次へとつなげていきたいという欲求に定礎された、自己確認の行動でもあるといえる。それは、図示すれば図3－4のようなイメージになると思われる。自分は常に同時代的にも世代的にも、人様との関係の中で生かされて在り、そうであることで、人様に対して「働くこと」ができ、その「働くこと」が人様からの認知を得ることにつながり、それがさらに自分を社会に生かしていくことにつながるという感覚である。

この感覚は、突き詰めれば、彼らシニア世代がホイトのいう意味での「働くこと」をいまだに続けているということであり、既述の発達観における第三の発達観、つまり「自己実現的な発達」をし続けているということを示してもいるといえる。シニア世代の人生への価値観や意識は、新たな意味でのキャリアを積んでいる存在としての意識に他ならない。

〈図3−4〉　シニア世代の自分の存在意識

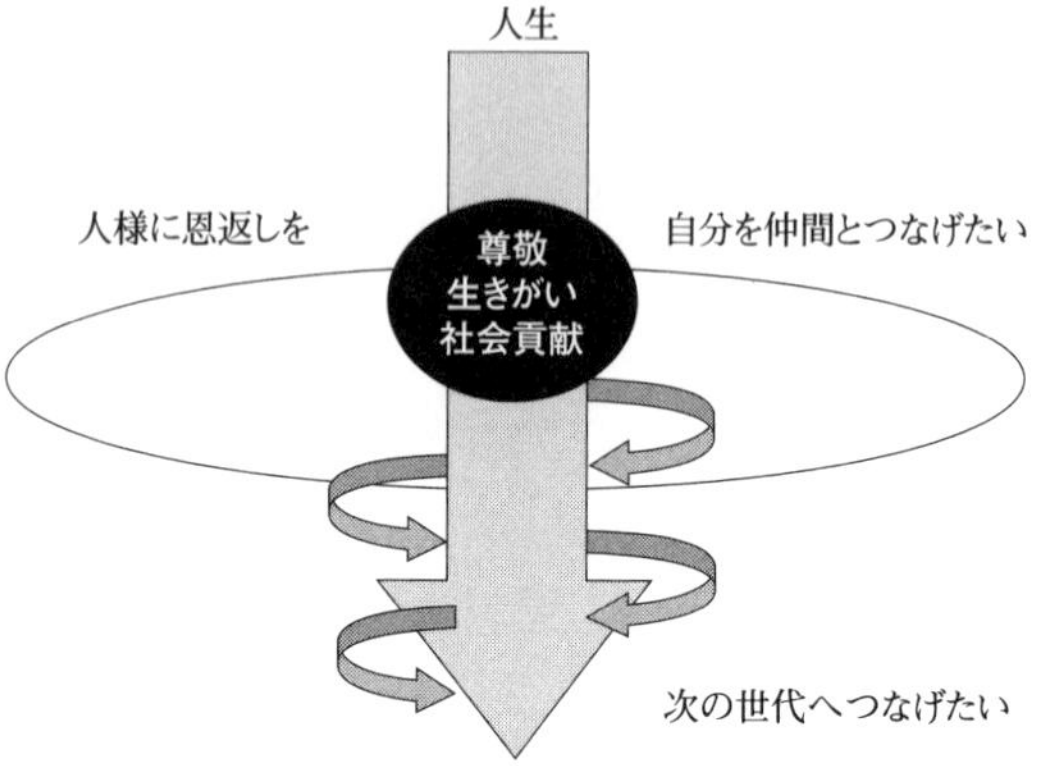

このようなシニア世代の意識は、また、帰属のアイデンティティを奪われることで自らの社会的な存在を解体され、存在の意味を喪失しているように見える働く人々のあり方に対して、新たな存在のあり方を示唆するものであるといってよいであろう。

(二)　人生を十全に生きることへの希求

この意識は、シニアだけのものではない。このことを、たとえば筆者とNPO法人との共同で受託した文科省の委託事業「NPOシニア大学」において、受講した定年退職予備軍の人々に見ることができる。

この「NPOシニア大学」は、来るべき団塊世代の大量定年時代に向けて、彼らが自らの人生を振り返りつつ、将来への展望を見出すことを支援するために実施されたもので、セミナーによる啓発と自分への気づき、さらには定年退職後の人生に向けた具体的な作業を示すものとして設計された。しかし、このセミナーでは、前述のような筆者の実践から得られているシニア世代の価値観や意識から導かれる知見によって、単なるノウハウを提示するものではなく、むしろ、人生を考えてもらい、そこから自分なりに価値を見出していくための哲学を示しつつ、それを具体的な行動へと展開することが予定された（セミナーのプログラムは図3－5参照）。

セミナー参加者は次のように語っている。

＊漠然と空想していたセカンドライフ（第一の仕事が終了してから第二の活動をスタートするイメージ）が、講義で具体的な言葉を与えられるようでとてもおもしろく感じます。セカンドライフでは、長時間仕事漬けで、生活を後回しにしたり、あまりにしんどいのは、もう遠慮したいです。でも、老人同士で茶飲み話や趣味で時間つぶしをするのも、ぞっとしません。これまでの経験を少し生かし、人様に少し貢献でき、それによって喜びが感じられる活動を、自分にあったネットワークに参加して実現していきたいです。早くリタイアしたくなってきました。

＊定年後の経験談は、とても活発に活動されていらっしゃるし、楽しんでいらっしゃるのを感じられました。今までの会社での拘束（時間・仕事など）が一気になくなり、こうあってはいけないと自分で気づいたり、こうありたいという希望なり意欲を持つことが新たな行動へとつながっていくのかな、とお伺いしていて思いました。自分も気持ちを新たに物事に取り組みたいと思います。

〈図3-5〉 NPOシニア大学プログラム

大量定年時代のシニアの生き方を共に学ぶ
NPOシニア大学！
I これまでの社会と自分（自己を振り返り、歴史に位置づける）
第1講 1月31日
私たちが生きてきた社会と あなたの存在
講師 牧野 篤 氏（名古屋大学 大学院教育学部 助教授）
・これまでの社会＝近代社会の構成と人間観
・近代社会の人間観の中で自分はどう位置づけられてきたのか
・その社会で働くとはどういうことであったか
・テーラーシステムからフォードシステム、そしてトヨタシステムへ
・交換可能な自分からかけがえのない自分へ
ワークショップ 自分への気づき
第2講 2月3日
大きな転換期にある社会と あなたの生き方
講師 牧野 篤 氏（名古屋大学 大学院教育学部 助教授）
・量の時代から質の時代へ
・少子高齢化・人口減少社会の特徴
・金で時間を買う時代から、時間を消費して、人間関係をつくる時代へ
・信用・信頼の再構築へ
・あなたにできること、あなたにしかできないこと
ワークショップ 自分はどうありたいか
II 定年後をどう生きるか（自分そのものをつかむ）
第3講 2月7日
第二の人生をどう生きるか
講師 吉武 賢彗 氏（元 日本福祉大学渉外部長）他2名
・経験者の話1
・経験者の話2
・経験者の話3
・自分の姿を見つめてみる
ワークショップ 自分は何が不安か、何が問題なのか
第4講 2月10日
自分の姿を外から見てみる
講師 弘田 進 氏（株式会社 ジェムコ日本 経営顧問）
・環境の変化を理解する
・自分の適応力を知る
・キャリアカウンセリングから自分を知る
・主観的な自分と客観的な自分
・再就労か新たな人生か
ワークショップ 自分をどうとらえなおしたか
III 健康とおカネ（具体的な人生を設計する）
第5講 2月14日
シニア世代の健康とカラダづくり
講師 益田 雄一郎 氏（名古屋大学医学部附属病院老年科 医師）
・退職後うつを理解しよう
・加齢に伴うカラダの変化
・健康維持の秘訣
・ヘルスケアのために何ができるか（医者・看護婦・ネットワーク）
ワークショップ1 心と体のケアのために
ワークショップ2 簡単な健康維持法
第6講 2月17日
第二の人生のおカネ計画
講師 伊藤 友一 氏（十六銀行営業企画部プライベートバンキンググループ課長）
・第二の人生の資金計画
・年金は大丈夫か
・何におカネを使うか
・おカネで買えるモノと買えないモノ
ワークショップ 自分の資金を計画してみる
IV 定年後の新たな人生設計（新たな人生に向けて具体的イメージづくり）
第7講 2月21日
NPOという社会参加
講師 岸田 眞代 氏（NPO法人 パートナーシップ・サポートセンター 代表理事）
・シニア世代が求める新しい生き方
・NPOとは何か？その概念や活動分野
・NPOとボランティアの関係
・NPOに参加するときの留意点
・NPOで働く
・NPOを立ち上げる
ワークショップ 自分なら何ができるか、したいのか
第8講 2月28日
自分の人生を設計しよう
講師 岸田 眞代 氏（NPO法人 パートナーシップ・サポートセンター 代表理事）
ワークショップ1 市民活動の企画案づくり
ワークショップ2 再就労に向けての自己開発
ワークショップ3 NPOで私がやってみたいこと
NPOって、なんだか楽しそう！

＊今日、講義を受けて、「落とし穴は転換期のキッカケ」「中年期のクライシス」と聴いて、気持ちが楽になりました。プラスに考えられ、アイデンティティを再構築していくことが楽しみになってきました。

＊ハッと思ったり、いろんなことを感じても時が経つと小さな気づきは忘れてしまいがちですが、実はその中に結構私のコアな部分があると感じました。自分の中で少しずつ新しい方向に向かって歩めそうな気がしています。これからの私の場所さがしを、皆さんと一緒に楽しみながらやっていけたらと思います。

これらの感想からは、受講者が自分の意味づけに苦しんでいたこと、そして、このセミナーを受講して、自分を外から眺めるという作業を繰り返すことで、実は人間関係の中で生きてきたし、生かされてきた自分を発見することで、自分の今後のあり方を考えようとしているということがわかる。人様との関係において生きてきた自分を、感謝の念をもってとらえ返すことで、自分が生きてきたという事実そのものに意味を見出し、自分を再構築しようとする動きを示しているのだといえる。それはまた、そのままホイトのいう「働くこと」つまりキャリアと重なり合うものである。

自分を外から眺めつつ、人との関わりにおいて生きてきた自分を発見し、アイデンティティを再構築しようとする作業＝行動は、自分のこれまでの人生を肯定した上で、今後の人生を納得がいくように十全に生きるためには何をすべきかという課題として、彼らにとらえられている。それは、単に職業に就き、カネを儲けるという意味でのキャリアではなく、自分という存在を社会の中で生かしていく、その結果、人様との間で心豊かに生きていくことのできる自分を確認し、自分の人生を自分の力で全うする満足感を得ようとする意味でのキャリアへとつながっていくものであるといえる。

(三) 鍵はシニア世代のキャリア

このようなキャリア観は、また、若年者の人生のあり方とも深く関わっている。たとえば、本章冒頭で示した「若者自立・挑戦プラン」の背景になっているニートやフリーターの多くは、キャリア・スキルに欠けているが故に、就労できないのではなく、むしろ自分が一体何であるのかわからず、自分が社会とのかかわりにおいて、一体どのような存在であるのかわからず、また自分の存在を感じ取れず、どうしてよいのかわからないまま、立ちすくんでいるというのが、おおかたの状況なのである。(23) そこに、半ば強制的な形での就労への動員や誘導がなされても、それが彼らの自己肯定感へとつながるものではない。むしろ、キャリア観を既述のような自己実現に向けたプロセスであると転換した上で、彼らの存在そのものを励ますような人間関係の構築とその関係において生きている自分を感じ取ることのできる「働くこと」を認めることが求められるといえる。それはまた、若年者自身が自分の人生を十全に生きているとの実感を得ることができるような「働くこと」を、多世代の交流の中で生み出していくことでもあるのである。

　ここにおいて、キャリアとは、「働くこと」が自分のライフスタイルにおいてどのような意味をもつことになるのか、ということをその人自身がとらえ、「働くこと」で、自分を社会の中で表現し、他者から認められる存在として自らを確立していくそのプロセスそのものであるという観点が成立することになる。そして、この観点をもとにした、キャリアの支援が、世代間交流においてなされる可能性と必要性がとらえられることになるのである。
　若年者を含めた人々のキャリアを考え、キャリア支援を進めるときに、鍵となるのは、これまでの行政的なターゲットであった若年者ではなく、むしろ一仕事終えたシニア世代なのだということではないであろうか。彼らシニア世代と若者との交流をつくりだし、若者の人生を励まし続けること、これこそが求められているということであろう。

注

（1）文部科学省「若者自立・挑戦プラン」ホームページ「『若者自立・挑戦プラン』（キャリア教育総合計画）の推進」（http://www.mext.go.jp/a_menu/ikusei/wakamono/）参照（二〇〇六年三月一七日現在）。
（2）文部科学省「新キャリア教育プラン推進事業」ホームページ（http://www.mext. go.jp/a_menu/shotou/career/04081102.htm）参照（二〇〇六年三月一七日現在）。
（3）同前。
（4）文部科学省、前掲、「若者自立・挑戦プラン」ホームページ参照。

(5) 本田由紀『多元化する「能力」と日本社会――ハイパー・メリトクラシー化のなかで』、NTT出版、二〇〇五年など。
(6) 玄田有史『働く過剰――大人のための若者読本』、NTT出版、二〇〇五年など。
(7)『朝日新聞』二〇〇六年三月二〇日付（名古屋版）。
(8) 同前。
(9) K・B・ホイト編著、仙崎武・藤田晃之・三村隆男・下村英雄訳『キャリア教育――歴史と未来』、社団法人雇用問題研究会、二〇〇五年、七四頁。
(10) 高橋祥友『中高年自殺――その実体と予防のために』、ちくま新書、二〇〇三年、七六―七八頁。
(11)『中日新聞』二〇〇四年七月二三日付。
(12) 高橋祥友、前掲書、二四頁。
(13) 同前書、二五頁。
(14) 同前書、三三頁。
(15) 同前書、一〇五頁。
(16) 金子勝『反グローバリズム』、岩波書店、一九九九年、同『長期停滞』、ちくま新書、二〇〇二年、同『経済大転換――反デフレ・反バブルの政策学』、ちくま新書、二〇〇三年、高橋克秀『グローバル・エコノミー』、東洋経済新報社、二〇〇一年、森本卓郎『年収300万円時代を生き抜く経済学』、光文社、二〇〇三年、など。
(17) 神野直彦『人間回復の経済学』、岩波新書、二〇〇二年など。
(18) 神野直彦、同前書、神野直彦『地域再生の経済学』、中公新書、二〇〇二年など。
(19) 高橋伸夫『虚妄の成果主義――日本型年功制復活のススメ』、日経BP社、二〇〇四年など。
(20) K・B・ホイト編著、仙崎武他訳、前掲書、六二頁。

(21) 同前書、六二―六三頁。
(22) 堀薫夫『教育老年学の構想――エイジングと生涯学習』、学文社、一九九九年、三〇―三三頁。
(23) 稲泉連『僕らが働く理由、働かない理由、働けない理由』、文藝春秋、二〇〇一年など。

第四章　市民が大学で学ぶということ
――知の社会循環をつくり出す

一　大学と教育のサービス化

国立大学が法人化されて五年が経った。この間に、大学には様々な変化がもたらされたが、その中でも大きなものは、大学とそれを取り巻く社会との関係の激変であろう。

従来、大学、とくに筆者が在任していた名古屋大学のような学術研究の中核的機能を担う大学には、その研究成果を学生教育を通して社会に還元すること、または学外の研究機関や行政・企業などとの連携において、その研究成果を実体化して、人々の生活に役立てることが求められてきた。また、大学内部で研究と教育に従事する教員には、その学問的な視点から社会の直面する様々な問題やそこから発する必要をとらえつつ、それを自らの研究の論理において抽象化し、課題を析出して、研究へと組み換えることが要請されていた。それが故に、大学には研究の論理のみに支配される高度な自治と、それに定礎される学問の自由、そして研究成果の発表の自由が保障されていたといえる。

しかし、この間、大学には従来にない新たな社会的要請が寄せられるようになった。それはまた、従来の学問の自治と自由を脅かすような論理をもったものであるといってよい。それは、端的には、教育をサービス化しようとする圧力であり、また大学の教員を職能集団としての自律性に支えられた、社会に対して責任を負う専門職として扱うことを否定し、一人ひとりを分断して、労務管理の網の目へと組み込もうとするような評価制度の導入として、現実化している。もちろん、筆者は評価制度の必要性を否定するものではない。しかし本来、高度な職能集団に対する評価とは、現実の社会批判の自由を許す寛容と職能集団自らの自律性に支えられたものであるべきである。そうでなければ、研究者としての社会的責任と自律性にもとづく学問の自由が脅かされるからである。ところが、実際に持ち込まれる評価制度は、いわばサービス業の労務管理の手法を踏襲したかのような、職能集団を解体し、一人ひとりの研究者を相互の競争へと仕向けようとするものであるといってよい。

このことは、現象的には、研究の自律性を前提とするが故にそれを保護するための制度に守られた大学という場所と社会的なサービスの売買の論理とが、地続きになっていることを示している。それはまた、大学の教員が従事してきたはずの研究と教育が、すでに社会的にはサービスの一環へと位置づけ直されて、評価されるものへと組み換えられていることを意味している。

ここにおいて否定されるのは、研究や教育のもつ事後性である。つまり、研究や教育が常にオーバーアチーブ（過剰達成）であることが否定され、逆に、事前に決められたサービスを、規定通りに社会へと提供することが求められるようになったということである。このような知のサービス化はまた、研究や教育の規格化を求め、その結果、研究や教育の自律的で自動的な進展や進化を阻害することになる。ここで、研究や教育の自律的な進展や進化が阻害されるというのは、研究・教育という営みが常に予期せぬ成果によって次の段階へと展開していこうとするエネルギーを獲得するものであるからであり、その根底には、人間そのもののもつ知的な探求や労働に対するオーバーアチーブな性格が存在しており、その性格はまさに人間が集団生活において相互の贈与─答礼の関係におかれることによって形成されているからである。

そして、知のサービス化は社会的な価値創造の基礎をも解体する。なぜなら、剰余価値説に依るまでもなく、この社会が富＝価値の創造によって再生産されていくことの人間的な基礎は、集団生活における贈与とその贈与に対するオーバーアチーブな答礼であるからであり、価値の生産そのものがこの贈与と答礼との関係によって、事後的に私たちをオーバーアチーブの応酬という関係へと組み入れていくからである。私たちは、常に事後的にしか研究や教育・学習そして労働など、他者と贈与─答礼の関係にあるものが私自身にもたらす私への意味を認識し得ない。その認識を通して私は私がその贈与─答礼の関係においてこそ私であり得ることを心地よい感覚とともに受け止め、確認する。私たちは自分の存在をその関係において確認するからこそ、その場において自我を確立し、自分をより高次に確立し続けようとするために、過剰に贈与を続けよう、過剰に答礼しようとするのである。

これは、次のようにいうことができる。つまり、学ぶことによって自分に予期せぬ変化が起こっていることを、学んだ後において感じ取ることで、わくわくする感覚をもつがために、さらに学びたくなる。そして、教えることによって相手に予期せぬ変化が起こり、それを感じ取ることで、自分がうれしくなり、もっと教えたくなる。この相互作用において、双方がより新たな変化を来しているいることを事後的に感受することで、その教え・学ぶという関係がより強化されていくということである。それは、知的な探求においても同様である。あるものを探求することで、目的が達成されようがされまいが、新たな発見とともに、事後的に自分の変化を感じ取ることで、常に内省的にその目的に向かって探求を進める自分が組み換えられていく、それをまた自分が感じ取ることによって、さらにその探求へとのめり込んでいく、こういう関係が形成されているはずである。生産労働も同様である。しかも、そこには自分を支え、自分に支えられる自他の集団的な関係が存在することで、その機制はさらに強められることになる。これこそが、研究や教育さらには生産の自律的な展開を支えていたものである。

そして、だからこそ、知的なものの探求や教育・学習という営みは、知識を提供するにとどまらず、その知識を得ることにおける自分の変化を組み込んでおり、そうであるが故に、事前に評価できるものではなく、プライス・レスであるべき営みであったはずである。それは、つまり、大学という場においては、知的な探求を行なう研究者にはその探求の自由を保障する高度な自治と物質的な基盤が提供されるべきであり、かつその成果の還元においては、教育権・学習権という基本的な人権からの要請だけではなく、人間の本質的な存在のあり方からの要請として、無限に無償に近い形の場が保障されなければならないということである。なぜなら、それこそが社会集団の人間学的な基礎をつくり出しているからである。そして、だからこそ、教育・学習という営みは私事性にもとづいていながらも、公共性をもつものであり、それ故に公的に保障されるべき性格をもったものなのである。それなしでは社会的な価値の創造と再生産が成立し得ないのである。

外部から大学へともちこまれる労務管理的な評価は、この研究や教育・労働の自律的な展開を否定し、その自動的な進化の機制を解体してしまうことになる。残されるのは、規定通りの「作業」である。そして、研究・教育を「作業」として評価する社会は、その人間学的な基礎を失い、自ら崩壊していってしまう。

今、私たちが大学の法人化という「改革」の中で直面しているのは、このようなある意味で社会史的な大きな課題であるといってよい。

このような状況に直面して、筆者ら大学内部にいる研究者・教員に求められているのは、外部評価に身をゆだねてその研究・教育活動をサービス化することではなく、むしろ、大学と社会とを地続きにしているサービスの論理を組み換え、大学をサービスの論理に対抗する知的な公共圏へと再構築して、その自律性を取り戻すことであろう。それは、また、知の社会還元をとおして、人々の知的なオーバーアチーブメントを引き出しつつ、彼らを学びの自己展開へと組み入れて、大学そのもののもつ自律的な研究と教育の機能を強化することである。

以下、このような課題を基礎に行なわれた、筆者がかかわった名古屋大学大学院教育発達科学研究科の知の社会還元の試みを紹介しつつ、大学と社会との連携のあり方を考察する。二〇〇七年度に行われた知の社会還元の試みは、(一) 研究科独自の試みとして続けられてきた「市民への授業公開プログラム」、(二) 企業との連携事業として試みられた「寄付講義」(企業による市民向け講義の寄付)、(三) 自治体との連携事業として試みられた「女性カレッジ」(名古屋市女性会館との共催事業) である。

二 市民への授業公開プログラム

(一) これまでのプログラムから得られた知見

1 プログラムの趣旨と概要

名古屋大学大学院教育発達科学研究科では、二〇〇三年度後期から二〇〇七年度後期まで、学生・大学院生向けの授業の一部を市民に公開しつつ、市民をモニターと位置づけて、授業効果を測る実験を行った。それはまた、国立大学の法人化にともなう教育の私事性の議論に対して、大学の既存の資源を活用することによる社会貢献・社会連携のあり方を探るとともに、教育の私事化論や「教育サービスの提供者―ユーザー論」に矮小化されるのではない、大学における学問研究と教育の論理、とくに国立大学法人という公共性の高い機関における教育・研究の自律性・独立性にもとづく市民社会との連携のあり方を模索し、大学という場における教育を私事性にもとづく公共領域として構築するために構想されたものである。

プログラムは、前記のように既存の授業を市民へと公開することとし、教員の有志が、毎学期六コマから八コマほどの授業に市民受講者を受け入れるという形で行なわれた。定員は、各担当教員が設定したが、おおむね一授業三名から五名ほど、各学期の受け入れ定員は最大で四〇名ほどであった。募集は、同研究科社会・生涯教育学研究室のもつ市民ネットワークへの情報提供、研究科のホームページや愛知県生涯学習推進センターのホームページ（学びネットあいち）への記事掲載のほか、『中日新聞』などにも募集記事を掲載して行われた。問い合わせは、毎学期おおむね二〇〇名ほど、実際の受講申込者は平均して一二〇名ほどであり、受講者は各担当教員が講義の目的・内容と受講希望者の受講動機などを勘案して、決定し、受講を認めることとした。

受講にあたっては、各学期当初にオリエンテーションを行い、本プログラムの趣旨の徹底と学生としてのマナーや大学内のルールについての説明を行なった。

受講者は授業モニターとしての位置づけのため、受講料は無料とし、受講後、アンケートに答えるとともに簡単なレポートの提出が義務づけられた。また、各授業においては、学生・院生と同等の扱いのため、各教員の求めに応じてレポートや宿題などの提出が求められた。単位の認定は、正規の学生ではないため、なされなかった。

2　これまでのプログラムから得られた知見

本プログラムでは、前述の目的にもとづいて、プログラム終了時にその都度、受講者にアンケートを実施し、彼らのこのプログラムへの評価とともに、大学とその授業に対する意見を聴取した。これまでの実験的措置で得られた知見は、次の三点であった。

第一は、市民受講者がいわゆる「教育サービスの提供者―ユーザー論」とでもいうべき私事化論によって立つのではなく、大学のもつ教育・研究の自律性の論理を市民の感覚で理解した上で、大学という知的コミュニティに参加できることを面はゆく、うれしく思い、大学のもつ知的資源の市民への開放を求め、またそれに感謝し、大学の社会貢献のあり方を考えているということである。この意味では、公開された講義は市民受講者におおむね好評であったが、それは、このような市民の側の立ち位置による受け止めがあったからであるといえる。このことは、また、講義が大学の研究成果の還元であるという一点を堅持すること、研究の論理に支配された自律的なものとなることによってこそ、市民に深い感動を与え得るものであること、それこそが、研究系拠点大学の社会貢献のあり方であることも示唆されているといえる。

さらに、社会貢献のあり方については、このような大学のもつ学問研究の自律性の論理によって立ちつつ、大学と企業・行政という機関・組織間の連携だけではなく、むしろ市民一人ひとりに学習と研究の機会を開く形で、より市民生活に密着したところでの学習・研究の論理による知的循環を作り出すことが求められていることも明らかになった(1)。

そして第二は、第一の知見と関わって、受講者は公開された授業の内容に刺激を受けているだけでなく、大学という場において、正規の学生や院生と触れあいながら授業を受けることで、さらに知的な好奇心を刺激され、そのような場で学ぶことの満足感を得ているということである。その上、同じく受講者である人々とも新たな人間関係を形成することで、視野と世界を広げ、新たに知的に開かれていく自分を感じ取って、わくわくしているのである。これこそが、大学の社会人向けの公開講座やいわゆる出張講座とは異なり、大学のキャンパス内で正規の学生や院生とともに学ぶことで得られる、知的コミュニティへの参加の醍醐味であるといえるであろう。そして、この知的コミュニティに参加してわくわくしている市民受講者に触れることで、正規の学生たちも刺激を受け、その視野がひらかれ、授業担当の教員も知的な刺激を受けているのであり、よい意味での知的な循環が形成されているといってよい。

この意味では、今後、このプログラムを基礎にして、授業など知的資源の公開・社会還元、市民の参加、学生への刺激、授業者への刺激という諸要素を、大学本来のもつ第一義的な機能、つまり学問研究の論理にのみ支配される自律的研究の推進とその成果の学生への還元、次の社会の担い手の育成という機能を中軸として、組み合わせ、相互の連環を形成して、大学の研究・教育機能を高めることが求められる。大学の研究・教育機能の向上は、このような連環が形成されていることで、市民受講者にとっても、知的な成果の還元を受けられ、彼らの知的好奇心がさらに刺激され、自らの変化を心地よく感じ取れ、かつ実生活においても活用できる知見を得ることへと結びついていくものと考えられる(2)。

第三に、本プログラムに市民が参加することで、学生たちの学習のみならず、教える教員の教育実践そのものにも大きな影響を与えるものとなったことである。端的には、学生たちは授業で居ながらにして、様々な社会的な価値や見方があることを市民から教わり、また教員の示す理論的な内容を、子育て経験など市民の実践によって裏づけてもらえるという良好な関係が生まれ、教員にとっては、自らの研究が市民の実感にそくして解釈され直すことで、そのもつ社会的な意味をとらえ、また研究への良好なフィードバックを得ることができるというメリットがあった。

そして、これまでのプログラムの実施によって、筆者ら教員が得るべき最大の知見は、大学が社会と結ばれるとき、市場の論理つまり教育を商品化し、大学を教育サービスの提供機関と見なして、消費者におもねることではなく、市民生活からいわばよい意味で超然とした視点に立って、市民生活の抱える課題の原理をとらえ、その課題を突き抜けて市民自身の存在そのものに関わるような原理や哲学を提示することこそが、社会との結びつきを確かなものとするという、至極当たり前のことであったということである。

きわめて私事的なことであるのに、それが社会的に開かれていく、その橋渡しを大学の授業ができる。これこそが、大学を社会に開くということであるといえる(3)。

〈表4-1〉　2007年度前期授業公開プログラム開講科目と定員

「家族発達臨床学講義Ⅰ」、月曜２限／５名
「精神発達科学研究Ⅳ」、火曜１限／３名
「社会教育学演習Ⅰ・Ⅲ」、火曜４・５限／５名
「社会教育学Ⅰ」、水曜６限／５名
「人間発達の心理学」、水曜１限／５名
「生涯教育環境学講義」、水曜５限／３名

（二）二〇〇七年度前期プログラムの概要と受講動機・受講後の感想

1　プログラムの概要

二〇〇七年度前期「市民への授業公開プログラム」開講科目は、表４－１に示すとおりである。六コマ二六名の定員で行われた。受講問い合わせ数一八六名、受講申込み数一一七名であった。各授業の開講目的と受講動機とを勘案の上、二六名の受講者が各授業担当者によって選ばれ、受講を許可された。

受講者の男女比は五〇パーセントずつであり、近年の特徴として、中高年男性の比率が高まりつつある。年齢その他については、今回はたずねていないが、おおむね五〇歳代、六〇歳代が多く、とくに団塊の世代の大量定年を迎えて、六〇歳代前半の男性が目立ち始めている。

プログラムの実施については、これまでのプログラムと同様であり、市民の位置づけ・役割及び受講後のアンケート・レポートについても、基本的に同様の枠組みが踏襲されている。

2　受講動機と受講後の感想

受講動機については、申込み時に提出を求め、受講後のアンケートで再度振り返ってもらう形での回答を得ている。これは、受講申込み時点での自分の認識を振り返りつつ、受講後に自分がなぜこのプログラムを受講しようとしたのかという意味づけを導くための措置であり、またそれは、大学における学びの事後性という点にかかわって、市民受講者の自分への気づきを誘うためのものでもある。

受講動機は、各授業担当者によって受講許可者選定の材料に使われ、受講者は授業担当者のいわば価値的判断のもとで選ばれているため、それをもって受講希望者の動機の傾向を分析することはできない。しかし、アンケート回答者の受講動機記述の大きな特徴としては、個別の具体的な課題やテーマ、または興味・関心をもちながら、その具体的な、自分に即した課題が、より深い社会的な課題や知的なものの探求へと深まっており、その意識の深みから自分をとらえて、動機を意味づけしようとしているということが指摘できる。

そのような課題に対する自分の意識の深みから動機を意味づけることで、また、このプログラムがその課題に応えるものであることによって、彼らは自分の内部で、予期せぬ変化を来すことになっていることがうかがえる。いわば、彼らの課題の深さと大学が提供する授業の内容とがシンクロしつつ、彼らの新たな変化を導き出し、その変化を心地よいものと感じることで、自分に対して肯定的になっていく彼らの存在がそこにあるといえる。彼らは、このような自分への認識を繰り返す中で、さらに学ぶことへと積極的になっていく。そのような自分を心地よく感じつつ、大学の授業に対する評価を高める結果にもなっているように思われる。受講後の感想がこのことをよく物語っている。

このプログラムが、教育・学習の事後性（予期せぬオーバーアチーブメントへの気づき）を引き出していることがよくわかる。

以下のような記述がある（＊が動機、↓が感想、同一受講者。なお、受講後に改めて動機についても書くよう求めているので、動機に感想などが含まれている場合もある。）

＊現在私は教育機関において教育相談を担当している。具体的には小・中・高校生とその保護者を対象にした電話相談、面接相談である。実際にケースにあたるごとに、見立てが大切だと日々実感しているので、アセスメントを学び、ケース理解に役立てたいと思った。

↓私は教員養成の学部出身なので、心理学を系統的に学んでいない。養護教諭として勤務しながら、修士課程で心理学を専攻した。だから、大学院では背伸びしながら講義を受けたり、ゼミに参加したりしていた。本講義を受講して感じたことは、基礎を積み重ねていけば、着実な知識として身についていくということである。現役の大学生と机を並べて学ぶという貴重な体験だった。質問する学生さんもなく、受身だと思っていた。しかし、グループでの発表になるとしっかりした発表で、流石名大生という印象だった。

＊高度専門職業人コースの大学院で二年学び、修士論文を書いた。しかし、学び終えた感じが少しもせず、学び足りず、考え足りない感じばかりが残った。学びつづけ、考えつづける姿勢を自分の中で確かなものにするため、刺激の多い講義を定期的に聴くことは大いに意味があったと思っている。

↓教育の問題が縦横に語られ、興味深かった。話題は、家庭・学校の内外を行き来し、子ども、青年の問題に限らず多世代にわたった。日本の国内、東アジア地域の問題にとどまらず、グローバルな視点からの話を聴いた。他では聴くことの出来ない話で、自身が直面する様々な問題の由来や背景を知ることが出来てよかったと思っている。

＊私は医療技術専門学校や専修学校などで講師を務めながらコミュニティ活動（区長）を展開している。当初、学生や生徒の実態を把握し、授業に生かすためのノウ・ハウを得たいと思っていた。今では、コミュニティ活動の中に、即ち、地域の中に学校を取り込んで、地域と学校が同じ土俵の中で教育問題に当たる必要を感じており、そのための基礎資料を得ることを目的と感じている。ちなみに、私は今年度、学校評議員でもあり、地域と学校とのつなぎの役割を忠実に務めようと思っている。

↓○○先生の自由な発想、中国に対する深い理解と温かいお気持ちに感銘を受けるとともに、毎回授業を楽しく受講することができ、感謝しております。また、△△先生からは、宮原誠一

「教育の本質」を御紹介いただき、形成と教育について基礎的な理解を得ることができました。これが、○○先生の講義を理解する上で大いに役立ちました。こうした△△先生の配慮にも感謝いたします。至福の時をいただき、ありがとうございました。（一部伏せ字）

＊まず日常とは異空間である大学という場に身を置きたかったこと、次に中高生の自分の子に母親の自分も学ぶ姿を見せ、刺激になればと思ったこと、そして子どもを育てる中での葛藤、老いていく親の人格の変化、中年期の自分の様々な迷いを経験し、人生の中間点に立つ今、心理学がとても興味のある学問に思えたこと、の三点が動機でした。実際、望みはかなえられました。

↓現役の学生さんに混じって授業を受けるのは、正直言って部外者という疎外感がつきまといました。しかし、学生さん相手の授業であることは最大の魅力であり、中部地方での最高学府である名大の授業を受けられる喜びは大きかったです。また、○○先生は毎回宿題を出され、これが次の授業の予習となりましたので、より主体的に授業にのぞめる効果があり、難しい内容を何とか理解できた気がします。熱心な指導に感謝いたします。（一部伏せ字）

＊小学校で「心の相談員」として勤務していると、現在の子どもが抱えている悩み・考え・行動が見えてきます。相談員として子どもとどのように向き合い、どんな対応をしていくことが、

子どもたちの心を開き、問題解決につながっていくのだろうか？　専門的に心理アセスメントを学ぶことによって自分自身の考え方を深めてみようと思った。

↓三二年ぶりの大学の授業にわくわく感と同時に子どもと同年齢の学生たちと席をともにすることに気恥ずかしさもあった。講義の中味は仕事とかかわりがあり、興味を持って臨んだので、久しぶりにノートをとり、先生の話を真剣にきく学びの時間がもてたのは、新鮮でした。名大の学生が大変まじめに講義を受けているのに好感を持ち、公開プログラムの人、科目履修の人とも友だちになれ、この人たちの向学心の熱さに驚き、共感し、語り合えたのも貴重な経験でした。

(三)　自分の変化について

このように受講動機と受講後の感想を書いている市民受講者は、より具体的に、自分の変化をどのようにとらえているのであろうか。彼らは、アンケートの自由記述に以下のように書いてきている。彼らは、様々な受講動機からこのプログラムに参加し、その受け止め方も様々であるが、そこに共通しているのは、自分が事後的に変わっていることへの気づき・認識と、その認識をもとにした新鮮な驚き、そしてそこから発するさらに深く自分を学問的な探求へと駆動せずにはいられない強い思いを、誰もが表出しているかのように見えることである。

受講者は、次のように述べている。

＊子育てをし、家事に追われて過ごしていて、自分のために専門的な分野を大学という場所で学ぶということは、雑然としていた知識の中で、一本の道が開けたような感じがしました。大学に通うのも楽しかったです。学生たちが構内を歩く波に若さとエネルギーを感じ、意志を持って行動することは楽しいと感じました。改めて専門的な知識を学び、ノートをとったり、グループ討議することが新鮮で、「学び」の意欲が生まれたように思いました。同年齢の人と知り合い、探求心を持って生活している人と話すことで、自分もいろいろなことに興味を持って生きていきたいと思いました。

＊教育の現場にある者としては、小から大まで様々な困難を抱え、悩んでいる。具体的には、親子関係が変わり、家庭が変わり、生産消費行動が変わり、人々の教育への意識が変わり、地域社会の人間関係が変わり……、そのように社会の人間関係があらゆる側面で変化する中、学校は社会にマッチしたシステムとして機能しなくなってしまった。そこに生じる悩みがある。ところが、現場で生じている問題の全ての責任を現場で働く者に負わせるようになっており、現場は無力化している。どの部分が社会全体で請け負うことであり、問題の由来はどこにあるのか、そういうことを明確にしないと現場の役割も責任も見えてこない。現場の役割と責任を考える端緒を与えてもらって、変わるところはあったと思う。

＊先生方の熱心で精力的な講義と多方面での教育活動。社会人を受け入れて開かれた大学をめざそうとする心意気。このプログラムに参加すれば自ずと共感し、感化される。これが講義を受

け、謦咳に接する意義なのだろう。地域活性化活動に身を置く私は、愛知県主催「地域活性化プログラム」のコンペに企画書を応募し入選した。このメニューの一つとした地元小学校の総合学習に講師として参加した。これまで小学校にかかわったことがなく、自分の子供の教育は女房まかせ、PTAの会合ともまったく無縁であった私が、社会活動に参加し、学校評議員を引き受け、子供相手に小学校へ、いそいそと出かける。このように、自分自身を変えていこうとする姿勢は、この社会人参加プログラムで得られたもののように思う。

(四) 市民研究員について

以上のような自己評価とそれから導かれる次の一歩を踏み出そうとする思いが、「市民研究員」制度の創設についての、以下のような希望として現れているものと思われる。プログラム実施当時、名古屋大学大学院教育発達科学研究科附属生涯学習・キャリア教育研究センターでは、このプログラムを基礎にして、市民の教育的機能を大学内に引き込む「教育ボランティア」制度と、市民のもつ探求心を大学の研究機能と結びつけて社会的な課題の解決を研究する「市民研究員」制度の創設を検討していた。「教育ボランティア」については、前回の授業公開プログラムのアンケートにおいて受講者にたずね、積極的な参加の意思と具体的な実施の提案を得ている(4)。今回のアンケートにおいては、「市民研究員」制度への関心について受講者にたずねたところ、「関心ある」が九三パーセント、「あまりない」が七パーセントであった。また、「市民研究員」への参加意欲をたずねると、

〈図4-1〉　市民研究員制度への関心

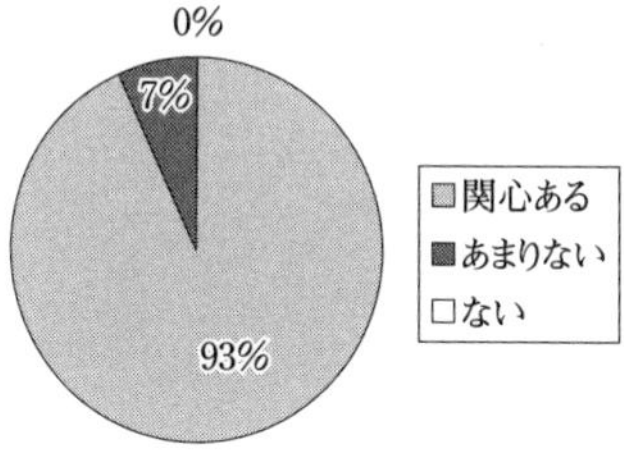

〈図4-2〉　市民研究員への参加意欲

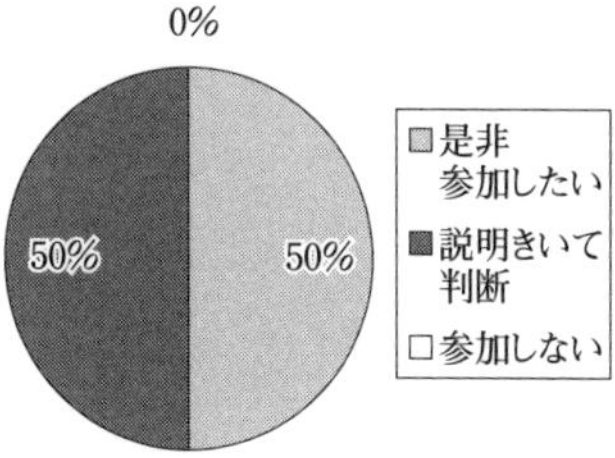

「是非参加したい」が五〇パーセント、「説明をきいて判断する」が五〇パーセントであり、「参加しない」は〇パーセントであった。（図４－１、図４－２を参照）

受講者は「市民研究員」制度に強い関心を抱いているとともに、参加についても積極的に考えていることがうかがえる。それ故であろうか、この制度についても、かなり具体的な提案が記されている。彼らは次のように述べている。

＊扱うべき諸問題について、ある程度高度な専門性を追求していくような学究的性格を有したものであることが望ましい。そうしたものが多分野に渡っていると、大学から見ても発信すべき事柄について評価が高まるのではないか。

＊高齢化社会における地域社会の福祉の連携（老人と児童の安全）。美しい街とは何か（景観と人の連携）などについて、大学は地域により関心を持ってよい。研究員制度はそのつながりを深めることになる。

＊様々な教育現場から提案されたテーマをともに考えたり、研究

員が提案したテーマを現場で議論したりする。加えて、国のいろいろな施策に対しても市民の立場から、現場から、意見を言えるようにする。

＊市民生活において、たとえば、高齢者の知識を役立てることができればとか、気軽に立ち寄れる子育て支援の場があれば、などいろいろと工夫するところはあると思います。大学で研究されていることをもとにご指導いただければと思います。

＊「市民」の対象をどこにおくかが問題となる。今、実際に社会・経済を動かしているのは正直にいって三〇代〜四〇代の昼間働いている方たちである。その方たちが研究を行う時間は「仕事終わり」「休み」などである。夜間に勉強できるシステムが必要だと思う。また、国立から法人化した大学としては「利益」になることを考えなくてはいけないと思う。「研究員」の選定には、学生への事例発表ができる職種、例えば「行政」「教育」にたずさわる人たちを集め、大学の益になることも考えなければいけないと思う。もう一つは「愛知県」の大学として、各地域から選定し、研究員どうしの地域ネットワークができるのもよいと思う。

（五）大学の社会貢献について

さらに、大学の社会貢献のあり方についてたずねたところ、以下に例示するような回答であった。これは、これまでのプログラムから得られた知見とも重なるが、市民受講者は、大学のあるべき姿については、筆者ら大学内部にいる研究者・教員とかなり近いイメージを抱いているものと見てよいと思われる。つまり、大学は、研究の論理に支配された自律的で自治的な組織として、真理を探究し、その成果を学生教育をとおして社会に還元することこそが、その基本的な社会貢献機能であり、その上で、このプログラムのような市民への働きかけを基本とした知的な還元を行なうべきであるとするとらえ方である。研究と教育または学習という営みが、一見、私的な営みであるように見えながらも、その実、それは事後的に人々のオーバーアチーブメントを誘い、社会的な還元へと展開していく公共的なものであることを、受講者である市民は感じ取っている。また、彼らはこのプログラムをとおして自己認識を深めることで、教育・学習が私事性にもとづく公共的営みであることに思い至っている。大学は、こうした市民たちと連携することによって、その研究の論理に支配された自律性と自治を、私事的な研究・教育機能を公共化することへとつなげ、知をサービス化しようとする昨今の動きに対抗する知の公共圏へと自らを組み換えることを可能とする筋道が示されているようにも思われる。

市民受講者は次のように書いている。

＊実際のところ、まずは大学がやらなければならないことは、勉強を行いたい（名大で）学生を集め、その学生を社会にしっかりとした社会人として送り出す、これが一番の社会貢献だと思う。それには、名大としての校風、理念等、名大でないとできないことの確立が必要だと思う。正直、義務教育の延長で大学まで来ている学生も多いような気がする。だから今は、大学が大

学としてやるべきことをしっかり行い、それを社会に認めてもらうことだと思う。それなしには、社会貢献活動を行っても、大学のイメージupのためにやっているんだろうなとしか感じない。

＊社会生活を営む中で、私たちは様々な困難にであったり、疑問を持ったり、新たな興味の対象を見つけますが、その「根本」を知りたいと思ったとき、大学という場がそれらについて深く学び、新たな世界に出会える機会を与えて欲しいと思います。これから社会の戦力となる人を育てる役割と、社会人が物事の根本に立ち返る場を与える役割の、両方を果たしていくべきでは、と思います。このプログラムは社会人が本格的に学び直そうかと考える時の良いきっかけ、入口になるかと思います。

＊最近の社会の変動の激しさを見れば、大学は個別的、実用的ニーズに対応するだけでは不十分である。将来を見据えて、種をまき、じっくり育てることが必要。即ち、創造的、挑戦的な企画を展開できる教育的風土が欲しい。自由に発想し、実験的に試行する精神的、知的基盤の育成が望まれる。

＊大学一年の時、一般教養で受講した「学校保健」担当のA教授の人間や社会に対する真摯な姿勢は、教育に携わる者としていつも心にとどめている。A先生は臨床医（女性）であった。戦後、高知県下を巡回診療されたとき、「日本が復興を遂げるためには教育こそ大切である」と確信され、臨床医から教育学部の教授に転身されたということであった。大学は研究機関でも

あるので、科学の進歩に貢献していただくのはもとより、次世代を担う若人を育てるという視点も大切にしていただきたい。創造性、人間性豊かな人材を育てていただきたい。

（六）本プログラムから見られる市民の意識

本プログラムの実施によって得られた知見は、以下の通りである。市民は大学に対して、教育をサービス商品と化し、その教育サービスを提供することではなく、学問研究の抽象度の高みから、市民生活の抱える課題の原理をとらえ、その課題を突き抜けて市民自身の存在そのものに関わるような原理や哲学を提示することを求めている。しかも彼らは、研究の成果を、学生教育を通して、つまり次の社会の担い手を育成することを通して社会に還元してこそ、大学は社会との結びつきを確かなものとするととらえているのである。すなわち「大学は知の論理で社会と結ばれるべきだ」ということである。それはまた、研究と教育が、きわめて私事的なことであるのに、それが社会的に開かれていく、その橋渡しを大学の授業ができるということであり、これこそが、大学を社会にひらくということだということであった。

この知見に対して、今回のアンケートから明らかになるのは、市民受講者がこのプログラムを通して、大学での学びが私的な学びからいかにして公共性をもつようになるのか、その筋道を、彼ら自身の自己認識の展開において示してくれているということである。つまり、大学での学びを通して、市民受講者は授業の内容に触れ、自分の目を開かれ、思考を啓かれるだけでなく、同じく受講生とふれあい、学生たちと交わり、教員との間で刺激を受けることで、自分が大きく変化していくことを実感と驚きをもって受け止めている。その上で、その変化を心地よいものとして感じ取ることによって、さらに知的な探求へと向かおうとしているのである。そして、その過程で大学に対して自分を開き、社会に対して自分の役割を示していこうとし、それがまた自己認識へと還っていくという、循環を形成している。この知的な自己認識の循環こそが、本章で示している研究・教育・学習の事後性にもとづくオーバーアチーブメントの実態なのであり、それこそがこの社会を支える人間的な基礎なのである。この意味では、大学における知的な探求とその伝達は、市民受講者が語っているように、私事的でありながら常に公共性へと展開し、その公共性が自分の生活へと還ってくるような関係を創造するものであるといってよい。この循環こそが、大学を、教育を私的なサービス商品としようとする動きに対抗する、私事性に定礎された公共圏へと形作っていくのである。この循環の節目に、市民が関与し得るのである。

このことを示している受講者のレポートの一部を以下に引用して、この節を閉じることとしたい。

参加してみて、このプログラムの主催者に対する認識を新たにした。最近の国際化や生涯学習社会に向けて、私学例えば関西では立命館大学などが積極的である。一方、国立大学は一般にそうではないようであった。「教職員の意識低下、公務に安住し、研究の名の下にノルマ減少を主張している」とこれまでは言われていた。

しかし、このプログラムに参加して認識を改めた。ここでは、外国人留学生が多く、社会人院生も多い。時代の風が感じられた。

こうした空気を私は地元に持ち帰り、コミュニティ活動にぶつけてきた。時代の風に合わせて、二五年ぶりにコミュニティの組織替えを行ない、規約を全面的に改めた。また愛知県の主催する「防災まちづくり活動」や「地域活性化プログラム」などのコンペに応募し、数々の入選を勝ち取った。それらの企画書は「防災まちづくり組織計画」「東部遊歩道利用計画」「わんわんパトロール」であり、愛知県より今年度新規に一〇〇万円の補助金を得た。このプログラムに参加しなければ、これらの活動は進展しなかったのではなかろうか。

逆に、大学にとっては、社会人の受け入れは大きな刺激剤となり、新たな展開の突破口になれたら良いと思っている。つけ足し的に受け入れを許すのではなしに、むしろ大学の中枢部分として異質集団による新たな教育、研究の活動源として、大規模な受け入れの方向へと進むべきだろう。こうして、国、県、地域、そして民間の教育エネルギーの総合的な組織化へ向けて駒を進めていくべきだろう。その中心が、この学部であることを期待します。

三　企業との連携による寄付講義の試み

（一）寄付講義の試みの背景

この試みは企業から資金提供を受け、通常の講義を特定のテーマに沿ったものにアレンジし、正規の学生に対するとともに、社会に公開するもので、今回の講義名は「社会教育学Ⅰ」、テーマは「少子高齢化・グローバル化社会日本の進路――教育学の立場から」とされた。

この試みは、筆者の研究室がかかわっていた産学共同事業シニア・プロジェクトを基礎として、パートナー企業の創立一三〇周年を記念する行事の一環として行なわれたものである。産学協同シニア・プロジェクトは、大学と企業とが共同して、来るべき少子高齢社会における地域社会のあり方を模索するために行われているもので、この企業の社会貢献事業と位置づけられ、営利を目的としたものではない。そこでは今後、社会的に大きな比率を占めることになるシニア世代が、社会の主要なアクターとしていきいきと生きていくにはどうすればよいのか、そしてそのような地域社会にあって、大学や企業はどのような役割を担うことになるのかが模索されている。また、あわせて民間セクターである企業とくに地元社会に密着している地方銀行が地域社会においてそのプレゼンスを高め、住民の生活と深いかかわりのある地域経済を基盤に、経営を健全化し、高齢社会化する地域社会の住民生活の安定に果たすべき役割とは何かが検討されてもいる。

このシニア・プロジェクトは、基本的にシニア世代に向けたセミナー事業として展開され、場所及び人的資源などのハードを銀行が、理念的な指導とセミナーのプログラムの設計及び講師の紹介などのソフトを大学が提供して進められている。そのプログラムの特徴は、提供されるセミナーは無償で参加自由の「基本セミナー」と、さらに受講者が中心となって組織する「自主活動」へとセミナー」の二つの部分からなり、「基本セミナー」受講者を中心に組織される有償の「発展セミナー」を展開させて、シニア世代が社会的な実践活動のアクターとして自立していくことを支援するところにある。受講者が学習を通して、自分の新しい変化に気づき、またセミナーで学びあった新しい出会いを通して、さらに学びたい、または社会的に活動したいという思いを抱くことが期待され、その思いをディレクターと呼ばれるファシリテータが組織化しつつ、「発展セミナー」へとつなげ、そこからさらに「自主活動」へと展開して、社会活動へと足を進めていくことの後押しをしようというのが、このプロジェクトの基本的な構想である。

このプロジェクトは、活動的なシニアのイメージ「きく・みる・する」の語尾をとって「くるる」セミナーと名づけられ、シニアが自分を認識し、新しい仲間とともに学習を通して、人の社会的循環をつくり出していくことへの期待が込められている。「くるる」セミナーは、二〇〇一年一〇月に第一期が開講され、すでに八年目の実践を進めており、この間に延べ約一万二〇〇〇名の受講者を得ている。現在、日常的に約八〇〇名のメンバーがプロジェクト事務局とかかわりをもちながら、自主活動を続けている。(5) このプロジェクトに見られるシニア世代の意識については、本書第一章を参照されたい。

(二) 寄付講義の概要

この寄付講義の試みは、市民向けの公開講座を編成するのではなく、正規の授業を基本として、そこに市民向けの内容をアレンジする形で社会に公開するという方法を用いることとした。その理由は、「市民への授業公開プログラム」で、市民が私たちが大学内部で行なっている学生・院生向けの授業に参加することで、深い知的な理解を得、それをもとに自己認識と次の段階へと進んでいこうとするオーバーアチーブメントの循環を形成することがわかっていたからである。いわば、市民向けにわかりやすくアレンジしたものを提供するよりは、学生・院生向けの講義を提供し、市民と学生・院生との交流を促すとともに、「市民への授業公開プログラム」と同じような市民の自己認識を基本とした知的な循環をつくり出すことが目指されたのである。

寄付講義は、名古屋大学大学院教育発達科学研究科高度専門職業人養成コース、通称プロフェッショナル・ディグリー・プログラムで開講されている講義科目「社会教育学Ⅰ」を当てることとし、内容に若干の手直しをして、より広く市民に対して、少子高齢社会とグローバル化が私たちの生活や社会にもたらす影響をとらえ、それを教育学という人間の存在のあり方に深く関わる学問の視点から読み解くことを伝えられるように設計した。それはまた、受講者である市民が自分の日常生活において、常に、この少子高齢化とグローバル化のもたらす影響に対して気を配り、意識し、また感じ取って、それをもとに自分が次に採るべき行動を考えるようになることを期待してのことであった。

講義は、通常の講義を公開したため、全一四回、二〇〇七年度後期水曜日六限目に配置された。各回のテーマは表4−2に示すとおりである。

受講者の募集は、正規の学生の他は、パートナー企業の広報ネットワーク及び新聞記事による告知を行い、定員一〇〇名を設定、同企業創立一三〇周年記念事務局への郵送による応募とした。募集期間は二〇〇七年九月一〇日より三〇日までの短期間であったが、応募総数は二〇〇名を超え、抽選の結果、市民受講者一〇〇名が選ばれ、受講票を兼ねた受講許可通知はがきが郵送された。受講に当たっては、担当教員より正規の授業であること、それを市民に公開する試みであり、単発の公開講座としての扱いではないこと、受講については、秋から冬にかけて寒くなる時期ではあるが、全一四回受講することが求められていること、学生としてのマナーと大学内のルールを守って欲しいことなどが説明された。

受講者の受講態度はきわめて熱心かつ真面目であり、市民受講者の平均出席率は八〇パーセント近くであった。また、最終回には、研究科長より受講修了証が手渡され、その後、懇親会を開き、受講者相互及び受講者と担当者との交流の機会が設けられた。また、最終回に、簡単なアンケートを行ない、受講動機、受講後の感想について記してもらった。以下、このアンケートをもとに、受講者の意識を概観したい。

〈表4-2〉 寄付講義
「少子高齢化・グローバル化社会日本の進路」カリキュラム

10月3日	1.	オリエンテーション・学部長挨拶 少子高齢社会アジアと日本①： 日本の少子高齢化と世界的な動向
10月10日	2.	少子高齢社会アジアと日本②： （1）日本と東アジアの少子高齢化 （2）少子高齢化のもたらすもの
10月17日	3.	グローバリゼーションと日本の社会 （1）グローバル化のもたらす社会変動 （2）経済構造の変容と進路選択の困難
10月24日	4.	韓国の少子高齢化事情・社会変動
10月31日	5.	中国の少子高齢化事情・社会変動
11月7日	6.	ニート・フリーターの問いかけるもの： ニート・フリーターの出現と特徴
11月14日	7.	利益分配社会から「不利益」分配社会へ①： 福祉機能の変容
11月21日	8.	利益分配社会から「不利益」分配社会へ②： 商店街の論理
11月28日	9.	利益分配社会から「不利益」分配社会へ③： 地方分権・都市内分権
12月5日	10.	変容する不適応のかたち①： 自我構造の変容
12月12日	11.	変容する不適応のかたち②： 〈カラダ〉の欠如
12月19日	12.	シニア世代の価値観①： 尊厳・生きがい・社会貢献
1月9日	13.	シニア世代の価値観②： 〈つながり〉の感覚
1月23日	14.	新しい社会に向けて

(三) 受講動機と受講後の感想、講義への評価

市民がこの講義を受講した動機は、当然ながら、多岐にわたる。しかし、告知の段階で前記のカリキュラムを提示したこともあって、おおむね次の二つの動機に集約できるようである。一つはテーマ・内容に興味関心をもったこと、二つは学ぶことで自分のこれからの人生を考える糧にしたいとの思いを抱いていること、である。そして、この二つは、アンケートの結果に見る限り、相互に深い関わり合いをもちながら、自分の存在のあり方に還っていこうとするような傾向性を示しているように思われる。強いていえば、日本の社会や世界について深い関心を抱き、なかでも少子高齢化とグローバル化という昨今マスコミを賑わし、また自分の生活においても実感できるテーマについて、それを考えてみたいという強い思いをもっているが、それはまた自分自身の今後の生き方や家族・地域社会での人々とのかかわり方と深い関係をもっているのではないかと感じており、この両者をつなぐものとしての自分の存在を、学ぶことにおいて確かめ、さらに次の一歩へと足を踏み出していこうとの思いを抱いているということである。

そして、このような受講動機を抱いて受講することで、講義の内容に触れて、受講者には大きな変化が訪れているように思われる。それを彼ら自身が感じ取っていることが、受講後の感想には記されている。当然、受講後の感想も千差万別であるが、動機と感想との間に示されている彼らの語り口は、自分の動機にもとづいた学びを進めることで、事後的に自分に変化が起こっていることに

驚き、それを心地よいものと受け止め、さらに自分の生活に生かそうとしたり、さらに学びたいという気持ちをかき立てられているということである。それが、この寄付講義への満足として反映しているのである。

受講者は自らの受講動機と受講後の感想を、次のように語っている（＊が動機、↓が感想、同一受講者）。

＊グローバル化社会とよく聞くようになって一～二年たちますが、どういったことなのかよくわからなかったので、受講しました。

↓子供たちの環境がすごく変わっていることがよくわかり、すごくショックを受けました。又、これからの生き方を考える参考となりました。

＊三年程前から当研究科から広く市民に聴講の募集が有り、〝是非〟と応募したのですが、毎度選漏れの連絡。失望して居りました。が、今回、空席があるからとの大変嬉しい夢のようなお知らせにワクワク、ドキドキし乍ら受講と成りました。とにかく学ぶチャンスを今一度！と願って居りました。有り難うございました。

↓休むなど勿体ないと吸収出来る事は何でもと意気込んでの楽しい一時間半でした。夢中で過ごした四ヶ月でした。もう終わりなどとは淋しい限りです。眠ることなく受講出来た自分にバンザーイ！　この四ヶ月に味わった興奮と喜び、感謝を経験した私。少しでもお返しができたらとこれからの人生にいかして参りたいと思って居ります。

＊現在、国家的課題となっている少子高齢化などについて関心があったし、自分がその年代の中にいるため、今後どのような生き方をしてゆくべきか再考したいと思ったためです。また、名大の先生ということで、その内容に興味をもちました。
↓テーマについて系統的にまた学問的見地から解説していただき、また一般に報道されている内容と異なった角度から言及していただいたことが大変良かったと思いました。

＊少子高齢化で日本がどのように進んでいくか不安なため、受講しました。
↓昭和、平成を生きてきて、自分の子供、孫と時代の変化の様子を振り返って思い浮かべ、大変よくわかりました。今後、どの世代も自助努力で頑張って生きなければと思いました。

＊老後のことを考える年代になり、又、急速に生きるには厳しくなってきた社会のことを考えると、不安な気持ちがどんどん大きくなってきていました。これから日本はどうなっていくのか、現在の社会は必然なものなのか、理論的に知りたい、さらには少し希望がもてるようになるのではと思いました。

↓「あの名古屋大学」に通うことができる快感！　学校で学んだ社会・歴史は、戦後あたりまで、それも授業時間が足らず、かけ足の学習でしかなかった。この講座の中で、それ以後の政治・経済が学べたこと、対米の関係の中で、日本の社会政策が決められてきたことがよくわかりました。先生のよくわかるお話で毎回興味津々で通うことができ、感謝いたします。

＊名古屋大学が取り組んでいる生涯教育のプログラムに関心があったから、新たな知識を得られることが喜びであったため。

↓昭和の激動の時代をくぐりぬけてきた者として、自己の歩んだ道を客観的にとらえることが出来、社会の変動に個人の生活が如何に大きく翻弄されたか、いろいろと興味深く知り得た。今後の日本の社会が高齢化を迎えて年寄りの果たす役割の重要性を実感できた。命ある限り、ポジティブに社会とかかわり合うことの意義を認識した。

このように、自分の変化に気づき、それを好ましいと感じることで、受講者たちは、一四回という長丁場の講義を欠席することもなく聴講し、この講義に対しても図４－３のように高く評価しているのではないかと思われる。

（四）感謝と今後への期待

以上のような自己認識を基本としたオーバーアチーブな循環が形成されることで、受講者たちは、そのような心地よい自己認識をもたらすこの講義を計画し、実施した名古屋大学とパートナー企業に感謝するとともに、今後、同様の学びの機会を企画し、また継続して欲しいとの希望を表明している。受講者の声をいくつか拾い上げて、この節の結びとしたい。

＊楽しい機会を与えて下さって、ありがとうございました。又、このような機会にめぐり会えるのを期待しています。
＊このような講義を長期にわたって受けることができたことを感謝致します。
＊○○（パートナー企業名：引用者）は大変よいことをされておられると思います。大変かとは思いますが、様々な工夫をされ、同様の活躍を続けられるよう期待致します。
＊もっと続けて欲しい。受講料を払ってもよいので。
＊今回で教授とお別れですが大変残念です。高齢ですが、機会があったら、ボランティアも考えています。将来の為、日本の為頑張って下さい。ありがとうございました。

〈図4-3〉　講義を受講しての評価

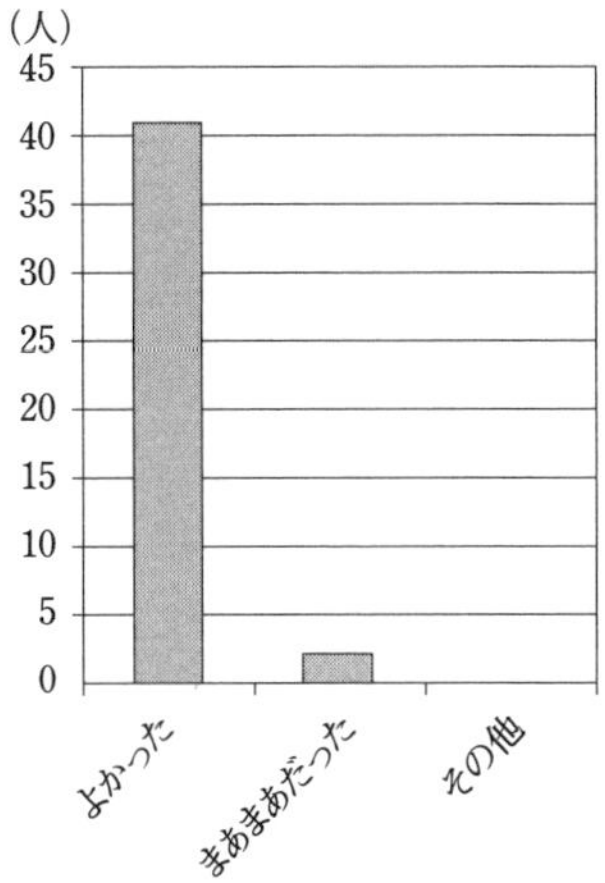

四　自治体との共催による女性カレッジの試み

(一)「なごや女性カレッジ」の概要

名古屋市の教育委員会管轄の生涯学習施設には、生涯学習センターの他に、とくに女性の学習に特化した施設として女性会館がある。女性会館の設立の目的は、①女性の自立のための学習機会を提供するとともに、女性にかかわる社会的な諸問題に目を向けて、その解決のための方途を探ること、②男女平等参画社会(名古屋市では、男女共同参画という言葉は使わず、男女平等参画という用語に統一している)実現のために市民に学習の場を提供すること、③女性を中心とした市民の様々な団体に学習や活動の場を提供すること、である。「なごや女性カレッジ」(以下、女性カレッジと略記)は、このうちとくに目的の①にかかわる女性会館主催事業として毎年一回、市内の大学と連携して開催されているもので、日頃、女性会館の施設を使って行われている主催講座とは異なり、連携先の大学の施設を用い、その大学の教員が講師を担当して開講するものである。

従来、女性カレッジは、女性会館の設立の目的ともかかわって、多くは市内の私立女子大学・短大との連携によって行なわれ、各大学・短大の資源を活用するような形での講座が開設されてきた。テーマを例示すると、次のようになる。「女性の自立を考える」「映画に見る女性の描かれ方」「女性の法律相談」「男と女の進化論」「対人コミュニケーション」「ファッションと着こなし」「健康と食事」など。

二〇〇七年度の女性カレッジは、名古屋大学大学院教育発達科学研究科教員が二〇〇五年度より女性会館運営審議委員会副委員長を担当していたこともあり、名古屋大学で開講できないかとの打診があり、それを受けて、名古屋大学と名古屋市教育委員会との共催事業として行なわれ、同研究科教員が講師を担当した。テーマ・内容は、総合大学教育学系研究科の特色を出すことを基本に、女性に特化するのではなく、女性の生き方を社会の中で考えることができるようなものとすることが話し合われた。テーマは、「私の存在と社会」、内容については、担当教員が編成し、大学での研究成果を学生に還元する一般の授業を基本に考えることとされた。開講は、〇七年一〇月一〇日より毎週水曜日の2限目、八回の連続講義とされた。講義内容は、表4－3に示すとおりである。

受講者募集チラシの内容説明には、次のように記されている。

日本の社会が大きく変動する中、おとなも子どもも、自分の本当の姿を求めて、さまよっているように見えます。それは自我の動揺として

〈表4-3〉「なごや女性カレッジ」の内容

1.	10月10日	オリエンテーション 学校の原理を考える①
2.	10月17日	学校の原理を考える②
3.	10月31日	学校の原理を考える③
4.	11月7日	新しい不適応の形①
5.	11月14日	新しい不適応の形②
6.	11月21日	新しい不適応の形③
7.	11月28日	「自我」はどう形成されているのか①
8.	12月5日	「自我」はどう形成されているのか② まとめ

表面化し、人々は不安にさいなまれているように思われます。教育学の立場からは、これらはすべて、これまで私たちが生きてきた社会のあり方とそこで求められていた人格モデルが解体し、私たちに新たな人格像を求め始めているのに、それがどのようなものであるのかわからないがための苦しみであるように見えます。この講義では、私たちを縛っている社会的な規範とそこから生まれる人格はどのようなものであり、それがなぜいま、解体を始めているのか。私たちは本来どうやって自分をつくってきているのか、考えます。

募集定員は四〇名、募集は女性会館のホームページおよび「なごや女性カレッジ」広報チラシなどによって行なわれた。以下、受講後のアンケートから、受講者がどのような学びを経験したのかを概観する。

（二）受講後アンケートに見る評価

今回の女性カレッジの受講者は四〇名、各回の平均受講者数は三六名であった。最終回のアンケートには三三名が回答を寄せている。女性会館担当者によると、これまで、様々な女性カレッジを開催してきて、定員四〇名を埋めることはかなり困難であったが、難しそうに見える「私の存在と社会」というテーマで募集定員を超える応募者があり、平均出席率が九割に達したのは驚きだということであった。このような反応は、女性たちが何を学びたがっているのかを示しているようにも思われる。

まず、内容に対する評価は、図4－4のようになった（アンケート回収数三三名、以下同じ）。「私の存在と社会」という一見難しく、とらえどころのないようなテーマと内容について、受講者は理解しようと努め、自分なりに理解できたと評価しているといえる。また、「よく理解できた」が三分の二ほど、「理解できた」が三分の一ほどであるが、「理解できた」と回答した受講者のほとんどが、かなり内省的に講義の内容や自分の理解をとらえた上で、もう少し頑張って理解しようとすべきだったと考えたり、自分の存在のあり方を振り返ったりしており、その意味では、この受講者たちが「よく」理解できていないのかどうかは、ある程度の留保が必要であるようにも思われる。受講者たちは、講義内容についての評価をしているというよりは、自分を振り返ってみて、講義内容が提示している課題や問いかけに自分が応えられただろうかと自問しているようにも見えるからである。

次に、八回という開講回数については、どう見ているのであろうか。図4－5のような回答となった。おおむね、八回が適当だと見ているといえるが、より多くを望むという声も多い。毎週大学まで通うことはかなりの負担だと思われ、行政の行う市民講座などは毎週であれば五回が限度、できれば隔週開講が望ましいとされるのに対して、毎週一回、八回連続で通いつつ、さらに回数を増やしてほしいという要望が出ているのである。講義内容について共感しているということであろうし、受講者の積極性がうかがわれる回答であるといえる。

〈図4–4〉　内容について

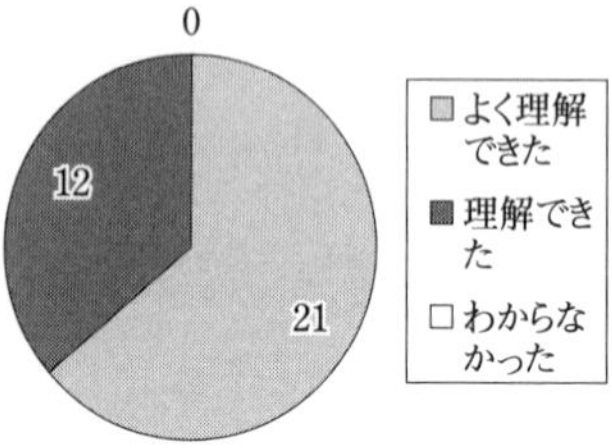

〈図4–5〉　回数について

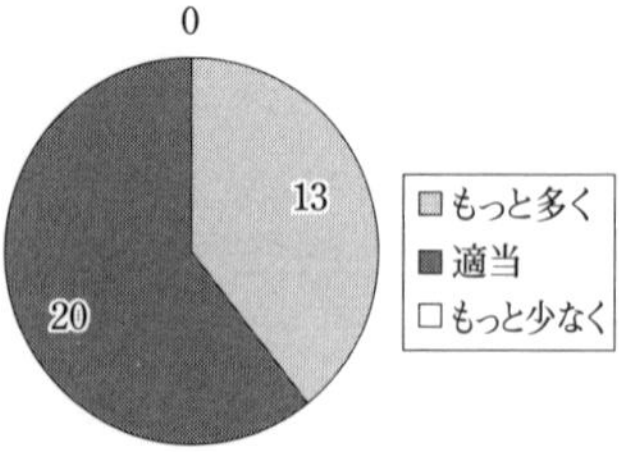

第三に、講義の進め方については、すべての受講者が適切であったと回答している。さらに、今後、この講義をもとにして、どのように学習や活動を続けたいかとたずねると図4－6に示す通りであった。学習を自分一人のものにしておくのではなく、親しい周囲の人々を中心として、周りに伝えていくことで、さらに学習を深めたいと回答している。

これらの回答からでも、受講者は、この講義を受講することで自分を振り返り、その振り返った自分に新しい発見や気づきがあり、自分が学習することで変化していることを感じ取って、心地よい感覚を受け取り、そうすることでさらに学習を深めていこうとするし、周囲の人々にも伝えていこうとし、そこからさらに次の自分のあり方へと歩み出て行こうとしていることがうかがえる。このことは、次に示す「講義についての感想や、気づいた点」についての自由記述に、より鮮明に示されることとなる。

（三）学習から内省、そして次の一歩へ

以上のように、この講義を肯定的に受け止め、自分のあり方を内省

しつつ周囲に講義内容を伝え、さらに新しい自分に向けて一歩を踏み出そうとしている受講者たちであるが、そのような彼女たちの学ぶことで自分が変わっていくという感覚を如実に示しているのが、次の自由記述である。受講者は次のように記している。

＊人間は関係性の動物であり、その中でこそ存在できる。さすったり、抱いていくことの重要性を改めて認識しました。もう子どもも大きくなって、今さら恥ずかしいとは思いますが、目を見て、話を聞く時にはハグしてみるなどやってみようと思いました。

＊すごくよい講座を受講でき、有意義な時間を過ごすことができました。心理学・社会学というと難しいと思い込みがちですが、先生は私達にわかりやすく振り返りもしながら教えて下さり感謝しております。今後私が勉強していくうえでとても参考になることばかりでした。もっともっと先生の講義をお聞きしたかったのに、これで終了するのはとても残念です。今後もこのような講座が開催されることを希望します。

〈図4-6〉　今後どうしたいか

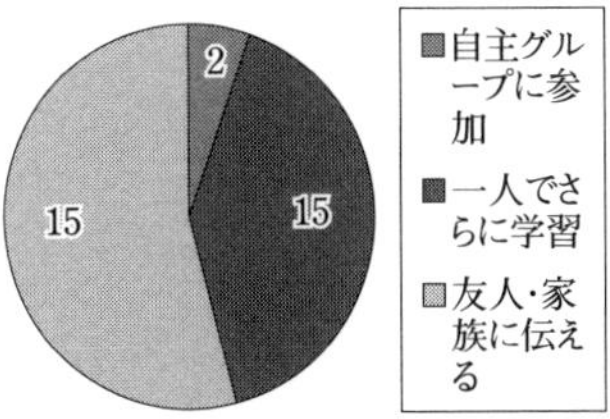

＊子育てを悩む私にとっては、とてもいいお話でした。子どもの視点に立つこともでき、社会を広く知ることもできました。ありがとうございました。

＊今の社会の何か変、おかしいと思う点が、とてもわかりやすく、

解説された感じで、納得できました。各家庭で抱える問題はそれぞれだと思いますが、こうして客観的な分析、意見を聞けたことはとても有意義です。元気をいただきました。ありがとうございました。

＊学校の役割が、社会から要求されることによっているというお話に、改めて納得しました。確固とした自我を作りにくい社会で、どう子育て、孫育てをしていくか、いろいろ考えさせられました。不安な中で生きる若者とどう接していくとよいのでしょう?

＊何気なく採っている行動が国の歴史や戦略にかかわっている。自立・共存の中、自立ということに対する考え方が変わりました。家族や友人にも伝えています。日頃自分の感じている事柄を言葉にするとこういう言い方になるなと感じました。

受講者たちは、八回の講義中、これまで本章で述べてきた意味におけるオーバーアチーブな状態であったといえるのではないであろうか。常に事後的に自分に還ってくる自分がいて、その自分が新たに変化していることに気づき、さらに学習を深め、周囲にも自分を伝えていきたいと考えている自分がいる、そしてそれがまた心地よいし、うれしい、こういう知的な自己認識の循環ができているものと思われる。

このような市民の反応については、また、この女性カレッジの講義内容が、市民向けにアレンジされたものであるというよりは、多少の調整を加えはしたが、基本的には学生・院生たちに対して行なわれる講義と同じレベルの学術性の高いものであったことも影響しているように思われる。いわば、大学が研究・教育機関としての性格を堅持し、自律的な研究を進める、つまり大学の教員である筆者らが研究の抽象度の高みから抽出した市民生活の諸課題に対して研究を進め、その成果を還元するという、研究の論理にのみ支配される活動を進めることであってこそ、市民に深い感銘を与えることができ、かつこれまで述べてきたような学習の事後性にもとづくオーバーアチーブメント、つまりついのめり込んでやり過ぎてしまうという過剰達成の循環を生み出すことができるのだということであろう。

五　知の社会循環へ

以上、筆者がかかわった市民への研究成果還元の三つの試みを概観したが、そこでは市民受講者は、大学における知の還元を知的サービスの提供ととらえるのではなく、むしろ、筆者らが大学内部にいて自らに課すべき知識人としての立ち位置と態度と観点を共有しつつ、大学における学びを経験し、学びの循環に参加できることを喜びと感じているということが示されたように思われる。また、それは、市民受講者自身が意識的にとらえていることというよりは、教育・学習の事後性に規定されて、自分が学ぶことによって変化していることに気づき、その変化を心地よいものと感じることによって、より一層その変化の方向へと自分を展開していこうとするある種の過剰性によってもたらされている彼らの「態度」とでもいうべきものである。

そして、この「態度」こそは、私たちの社会を集団として価値の創造と生産へと向かわせることになる人間学的な基礎、つまり他者との贈与の関係に入ることで、与えられたもの以上のものを答礼として返そうとしてしまうという人間存在のあり方を示し、かつ規定しているものである。しかも、この贈与―答礼のオーバーアチーブな関係は、与えられるものが事前にわかっており、自分自身がそれを得ることで何を獲得することになるのかがわかっている関係の中では、形成され得ない。なぜなら、それは消費のための関係であり、モノやサービスを得ることは、ある条件を満たすものであって、満足を超え出て、自分のより大きな変化に対してある種の社会的な関係、つまり社会的な感謝や申し訳なさなどいわば自分認識の心地よさと、そこから生まれる他者に対する何か返礼をしないと居心地が悪いという感覚をもたらすものではないからである。サービスの購入は、自ら求めるばかりであって、与えることを生み出すことはないのである。

しかも、この贈与―答礼のオーバーアチーブな関係は、実は私たちの「自我」の構造に関わっている。自我の発生の当初から言語という他者性を抱えこまなければならない私たちは、常に言語を用いて自己を認識することしかできないが、その言語が自分のものでありながら他者のものでしかあり得ないことによって、常に言語の自己言及性に制約された自分の言及できなさに苛まれ続けることになる。言語は常に事後的にしか自分を言及することはできず、しかも自分に言及できるものしか言及できないという事前性に制約されている。そのため、私たちは自分の言及できなさを事後的に知覚しつつ、その言及できない私を言及しようとして、過剰に他者を求め、同一化しつつ自己を保とうとする。しかし、それは自己の他者化でありながら、他者を自己化してその自己をとらえようとする行為であるがために、常に認識しようとする自己へと自分を移しつつ、自分を認識し返そうとする循環を繰り返さざるを得ない。これが、贈与―答礼の循環の基本的な機制である。贈与―答礼の循環は、自己を認識しようとする私たちの自我が他者を求めざるを得ず、他者へと自己を差し出さなければ自分をとらえることができないという自我構造のありように定礎されているのである。

本章中で述べている自己認識の喜びとは、実は、知ることによる居心地の悪さ、つまり自己の余剰に気づかされることによるもっと知りたいという欲望に定礎されているといってよい。それがまた、私たちを他者との関係へと歩み入らせることになる。贈与―答礼のオーバーアチーブな関係は、このことを基礎としているのである。

であるが故に、知的な贈与―答礼の循環は、贈与を受ける者に私とは誰であるのかという問いを発しつつ、私を探求させ続けざるを得ず、贈与を行う者にも同様に私を探求させることになる。そして、この二つの私の探求がリンクすることで、大学という知的な探求の場所は、人々を、知を探求する贈与―答礼の循環に組み込むことで社会集団の創造へと向かわせる基礎を構築することになる。それは単に、教員―学生・受講者という関係にとどまるのではなく、教員そのものが行なう研究活動が知的な価値創造の営みであることの基礎も、研究における贈与―答礼の循環の関係なのであり、そこにおいてこそ教員は社会的な責任を果たすことができ、また、学生・受講者が社会に出て自らの知的な循環を形成し、大学を核とする社会的な知的コミュニティをつくり出し、社会を変革していくことも、この知の贈与—答礼の循環関係を基礎にもっているのである。

この関係は、先述のように、社会的な価値の創造と生産においても同様である。社会が価値の創造と再生産を繰り返しつつ、人々相互の関係を再生産し、創造して、発展していくための人間的な基礎として、この知的な贈与—答礼のオーバーアチーブな関係が存在しているのであり、大学はこの関係を創造する核としての役割を担うことで社会的な責任を果たすことができるのだといえる。

この知的な贈与—答礼のオーバーアチーブな関係は、すでに明らかなように、知をサービス化し、大学を知的サービスの提供機関、学生・受講者を知的サービスの消費者と見なして、売買の関係でとらえようとする昨今の「改革」と呼ばれる動きとは根本的に原理を異にするものである。なぜなら、贈与—答礼のオーバーアチーブな関係の基礎はその事後性にあるがために、価値を事前に測れないところにあるが、知の売買の基礎は価値評価の事前性にあり、オーバーアチーブな関係を形成することは不可能だからである。それ故に、知を売買するような「改革」は、その「改革」が依って立つ基盤であるはずの人々の社会関係を分断し、人々を孤立させながら、社会的な価値の創造・再生産を不可能な社会へと組み換えてしまいかねない危険性をもっているといえる。

本章で紹介した大学の知の社会還元の試みは、大学が本来もつべき知の生産と社会還元のあり方及びその人間的な基礎が何であるのかを再考させてくれるものだといってよいであろう。そして、そうであるが故に、私たちは大学に市民を招き入れる仕組みをつくり出すことで、大学の知的な探求と教育の機能をより高次なものへと組み換えることができるものと思われる。「市民研究員」制度・「教育ボランティア」制度などは、知の社会還元を循環へと組み換える新たなネットワークとして構築されるべきものであろう。

注

(1) 牧野篤『大学の授業を社会公開する――名古屋大学教育学部「県民への授業公開プログラム」アンケート調査の結果』、名古屋大学大学院教育発達科学研究科社会・生涯教育学研究室、二〇〇四年、二六頁。

(2) 牧野篤「平成16年度前期市民への授業公開プログラム実施報告」、名古屋大学大学院教育発達科学研究科附属生涯学習・キャリア教育研究センター『モノグラフ・調査研究報告書No.1』、二〇〇五年、一四頁。

(3) 牧野篤「大学は知の論理で社会と結ばれる――市民への授業公開プログラム（二〇〇五年度前期・二〇〇六年度前期）アンケート報告」、名古屋大学大学院教育発達科学研究科附属生涯学習・キャリア教育研究センター『モノグラフ・調査研究報告書No.5』、二〇〇六年、一四頁

(4) 同前論文、同前モノグラフ、一二頁。

(5) 牧野篤『高齢社会の新しいコミュニティ――尊厳・生きがい・社会貢献ベースの市場社会を求めて』、名古屋大学大学院教育発達科学研究科社会・生涯教育学研究室／ひと循環型社会支援機構、二〇〇二年。牧野篤『〈わたし〉の再構築と社会・生涯教育――グローバル化・少子高齢社会そして大学』、大学教育出版、二〇〇五年（第7章）。牧野篤「人生を全うすることへの希求――高年者の

キャリアを考える」、キャリア教育の推進とカリキュラム開発研究プロジェクト『キャリア教育の推進とカリキュラム構築に関する最終報告書』、名古屋大学、二〇〇六年などを参照のこと。

第五章　〈見えない資産〉と知の社会循環

一　シニア世代の価値観と〈見えない資産〉

本書における紹介と考察からとらえられたシニア世代を中心とする人々の意識とは、以下のようなものである。つまりそれは、自分の存在が社会的・世代的に他者と結びついていることによって、自分の存在を位置づけ、感じ取り、それが自分の人間としての尊厳や生きがい、そして社会貢献への思い・意欲へとつながり、それらが改めて自己認識へと還ってくる、この循環構造をもつものだということである。そして、この彼らの意識は、カネやモノを所有することで満たされるのではない、自分の存在そのものが他者によって承認され、受け入れられることで自分が満たされる、存在欲求の充足へと展開していく。モノや商品が、それを手にすることで、この存在欲求の充足をもたらしてくれるとき、彼らはそれを購入し、また自らモノの提供者たろうとする。このモノとは、物質である必要はない。それが商品として流通するサービスやいわゆる金融商品であっても、同じである。それはさらに、企業の社会的存在価値と重なるものである。つまり、その企業とつながっていることによって、自らの社会的な存在が意識され、その企業が価値化されることで、その企業の社会的な存在意義が高まるような個人の存在のあり方をつくり出すものである。これが、存在欲求を満たすものとしてとらえられることになる。ここに、筆者の研究室が、地域住民の生活に密着した地元企業と連携しようとする理由がある。

彼らシニアがとらえようとしているもの、求めているものは、いわば実感としてしか自分に還ってこないもの、しかし、だからこそ、自分をこの社会に肯定的に位置づける資産とでも呼ぶべきものとして、作用するものである。この〈見えない資産〉をこそ、彼らは今の社会が提供するサービスやモノ、つまり商品に感じようとしている。彼らは、だから、商品を購入する消費者でありながら、その商品を購入することで自分を社会的に位置づけるとともに、その位置づけを得られた自分が、社会から肯定され、かつ社会貢献できることに無上の喜びを感じようとしている。いわば、サービスの消費者でありながら提供者である、そういう自分を感じ取りたがっているのである。ここに、彼ら自身の新たな生き方の鍵が存在している。そして、それを実現するのが企業であるという一面を、この社会はもち始めている。

彼ら市民の新しい生き方はまた、自己の存在そのものを自ら確認し、他者によって承認されること、つまり社会的・世代的に認められ、継承されることを求めている。そうである以上、彼らの生き方は、分業を基本とする産業社会の所有欲求を乗り越え、自分の存在や生活が生きていることそのものであり、自らの労働が生きていることそのものであるような、十全感を生きることを求めざるを得ない。

このような生き方は、自分の生活範囲を基本とする空間を基礎に、安心感と信頼感に定礎されたサービスの相互提供を媒介として、自分の存在が他者との間で承認される、ゆったりと落ち着いた社会集団を形成することにつながっていく。そして、自らの生活の糧を得るために、このような安心感と信頼感に定礎された地域コミュニティにおいて、公正で正当な対価を自ら納得して支払い、他者から支払われる、より高次のサービスの交換へと活動が展開していく。それが、これから到来するであろう、少子高齢・人口減少社会において、人が人を扱う労働集約的で知識集約的な新たな産業形成と生活保障の基盤を整備することにつながるものと思われる。そこに常にあるのは、商品としてのモノやサービスの背後に存在する、自分と他者との関係という〈見えない資産〉なのである。それはまた、その人間関係に定礎されたものとして、地域経済のあり方や生産のあり方を合理的に規定する。ここにおいて、その生産そのものが、人間としての普遍性をもちながらも、地域コミュニティ固有の人々の生活のあり方、つまり文化として生成することになる。

常に自己の認識へと還ってくる他者との関係において、自らを社会的・世代的に活かしていこうとする志向性は、ひとりシニア世代だけのものではない。それは、この社会にあって、自分の存在のあり方を問おうと誠実に生きている人々すべてにあてはまる、生の志向性とでも呼ぶべきものである。これが、本書で紹介した実践から得られる知見である。人々が相互の承認関係の中で生活を営むことで、豊かな地域文化が生まれ、その文化に支えられた地域経済が花開くのである。

それ故に、新たなコミュニティを構想するためには、次のような試みが必要であるといえる。つまり、彼らの「つながっている」ことへの欲求と尊厳・生きがい・社会貢献への思いを循環させつつ、彼らを様々な社会的活動に誘い出し、彼らの背中を押しながら、新たなコミュニティの形成を進めることと、そのために、そのコミュニティの信用を担保する仕組みを組み上げることである。この仕組みを、国立大学法人という、地域社会にその知的資源を還流する役割をもつ存在と、その地域社会の生活の基礎である経済に立脚しつつ、その経済に対して責任を負う企業、さらには地域住民の生活に直接責任を負うべき自治体とが連携して作り上げることが第一義的に求められているといってよい。

二　高齢社会の新しいコミュニティ

この課題について、本書第一章でシニア世代の意識と価値観を紹介したシニア・プロジェクトの実践を概観することで考察し、本書の締めくくりとしたい。これは、大学が仕掛け人となって、民間企業との共同研究スキームで、主に企業を定年退職した男性シニアをターゲットに行なわれているものである。このプロジェクトは、彼らシニア世代がそれまで生きてきた過程を肯定し、プライドを保ちながら第二の人生へと足を踏み出すのを支援することを基本的な目的としている。プロジェクトの背景には、少子高齢・人口減少社会という未曾有の状況に直面し、ともすれば悲観論に陥りがちな社会のあり方を、モノの所有や開発・発展という量的な拡大を志向する方向から、人々の生活を質的に豊かにすることを価値とする方向へと切り換えられないかという思いが存在している。

このプロジェクトの特徴は、次の三点にまとめることができる。第一は、大学の研究室と公共性の高い民間企業とが手を携え、人々の生活コミュニティを基本的範囲として、人々の社会的な循環を作り出すことで、生活を質的に向上させることを基本的目的としていることである。第二は、このプロジェクトの主な対象が、従来、十分に考慮の対象とはされてこなかった企業を定年退職した元気シニア世代であること、そして彼ら自身のそれまでの人生を肯定して、第二の人生に足を踏み出す支援をすること、さらには彼らをして新たな人間関係のネットワークを形成して、社会の変革へと赴く応援をすることを目的としていることである。第三は、このプロジェクトを通して、一方で人々の社会的な活動の力を育成し、コミュニティにおけるさまざまな事業の主体へと育成するとともに、他方で、大学と公共性をもつ企業の社会的な影響力を高めることで、人々の力と大学・企業の力とを結び合わせて、人々の生活に質的な向上をもたらすことが目指されていることである。

これを、まとめれば、このプロジェクトは、まちおこしや地域の活性化という場合にイメージされる、物質的な豊かさ、端的にはカネ儲けを目的とする生活の向上策ではなく、むしろ、それを実現するために、モノやカネの背後にあるものを見ようとすることで、本当の意味での地域経済の役割やあるべき姿をつくり出していこうとするものであるといえる。ここでは、当然ながら、地元に根をはらざるを得ない地域経済界の企業が重要な役割を担うことになる。

三　シニア世代を支援するセミナー

このプロジェクトは、第一章で紹介したような意識調査の結果とそこから導かれる基本的な枠組みに基づいて、セミナーを中心として、次のような構造化された内容をもつものとして編成された。この枠組みを表す愛称として、セミナー事業は「くるる」セミナーと命名された。「くるる」とは、活動的なシニア世代をイメージさせる「きく」「みる」「する」の語尾をとり、彼らが社会的に循環するという願いを込めたものであった。「きく」「みる」「する」はまた、彼らの活動の発展段階を示すものでもある。

（一）対象であるシニア世代の人々を家から引き出して、学びの場へと向かわせる基本的セミナーの開設＝基本講座……「いきいき健康講座」「シニアPC入門」「素敵生活アラカルト」「ボランティア入門」「中国語講座」など、六から八講座、隔週一回、五回で一クール、三ヵ月で修了。受講料は無償とする。講座は後、様々な展開を見せ、「くるるでロハス」「くるる地球散策」「くるるお話大学」「くるる時代塾」「くるる男性専科」など、多彩な方向へと広がりを見せている。

〈図5-1〉「手しごとの美学展」の様子

〈図5-2〉「ボランティア入門」の様子

（二）基本講座での学習活動を通して、ボランティアや趣味などの学習グループ形成が図られ、そのグループを基礎に、シニア世代が、これまで生きてきた軌跡を肯定しつつ、新たな生きがい作りへと進み入ることができるような講座の開設＝発展講座……基本講座の講師を中心に、有志が組織して、定期的に行なうもの。「くるる合唱団」「くるるガーデンクラブ」「くるる器倶楽部」「くるるニーハオサロン」「シニアPCフォローアップ講座」「くるる健康クラブ」など。

（三）さらに、これらの基礎講座と発展講座を基礎として、社会的な様々な活動を行ないたい人々のために、社会活動を紹介し、かつその仲間づくりを進めるもの＝自主講座……これには、「くるるウォーキングクラブ」などの活動や、「くるる合唱団」の慰問活動、さらには後述する「くるるサポーターサロン」を中心とする、自主的な企画の立ち上げや公演活動などが挙げられる。

基本講座の活動のイメージは、写真に示すとおりである（図5－1～図5－3）。

このような基本講座の展開を基礎に、参加者は、筆者の研究室

〈図5-3〉「シニアPC入門」の講座の様子

〈図5-4〉「くるる地球散策」の参加者たち

の関係者であり、社会的な実践活動豊富な女性を中心としたディレクターと呼ばれる人々の指導を受けつつ、新たな仲間づくりを進め、発展講座へと導かれていく。この発展講座は、基本講座を基礎に、参加者が自分の意思で学び続け、活動し続けたいと思うものを中心にして、自分の意思で参加することを基本としている。すでに、発展講座には次のようなものが作られており、参加者が自主的に活動を進めている。

たとえば、「シニアPCフォローアップ講座」「くるるガーデンクラブ」「くるる合唱団」「くるるニーハオサロン」「くるる器倶楽部」「くるるの碁」「くるる水墨画クラブ」「くるる切り絵クラブ」「いきいき健康クラブ」「くるるウォーキングクラブ」などである。彼らの活動の様子は、上の写真に示すとおりである。図5－4は、「くるるウォーキングクラブ」が主催する「くるる地球散策」の一場面、図5－5は、水墨画クラブの一場面である。

第三の活動は、自主講座である。これは、参加者が、基本講座と発展講座を基礎に、大学関係者の専門的な指導や援助を受け、有志の仲間とともに社会貢献活動やボランティア活動を行なう組

〈図5-5〉「水墨画クラブ」の活動の様子

〈図5-6〉「ちょボラウォーキング」の活動の様子

織を作り、また「くるる」セミナー支援のためのグループを作って、社会的な活動を行なうものである。この活動を通して、彼らは、これまでの自分の人生の軌跡を仲間の中で肯定され、いまの生活に生きがいを感じ取るだけでなく、自分が実際に社会で必要とされ、社会で生きているのだということを実感している。この自主講座をベースとして自分の存在意義を見出し、社会貢献へとさらに足を進めていくことが期待されている。

図５‐６の写真は、この自主講座の活動の一場面、「くるるウォーキングクラブ」が「ちょボラウォーキング」つまりちょこっとボランティアしながら、ウォーキングをするという企画で、川の堤防のゴミ拾いをしているところである。図５‐７は「くるる合唱団」が地域の老人保健施設で歌の慰問活動を行なっているところ、図５‐８の新聞記事はその新聞報道である。

さらにここで紹介しておくべきことは、第一期の修了生を中心として、「くるる」セミナーを支援し、また彼ら自身の自主活動を進めるためのいわば総司令部的なサークルが組織され、運営されていることである。これを、「くるるサポーターサロン」とい

〈図5‒7〉　老人保健施設での活動

〈図5‒8〉　活動を報じる新聞記事

う。このサポーターサロンは、「くるる」セミナー修了者であるということ以外に、いかなる参加制限も設けられてはいない、自由参加で自主的な組織である。当初、このサロンは、日常的な「くるる」セミナーの運営を手伝い、発展講座や自主講座の実施を支援することを目的とした、自発的な人々の集まりであった。その機能は今でも変わらず維持されながら、さらに、近年では、次のような新たな展開を見せている。つまり、彼らがそれまでの人生で培い、蓄えてきた様々な力をもち寄って、「くるる」コミュニティで新たな企画を立ち上げ、自分の存在を社会的にアピールするだけでなく、同年代のシニア世代の人々に新たな生き方を示し、新たな人生のコミュニティをつくり出していくような活動を展開する、活動企画・運営センター的な役割をも果たしつつあるのである。

サポーターサロンは、「くるる」セミナー一周年には、参加者の親睦を深め、このセミナーをさらに発展させる人的基礎をつくり出すために、「くるる運動会」を企画して、開催し、二周年目からは、彼らと「くるる合唱団」とが手を結んで、公演活動を企画、運営、実施している。これを「くるる」コンサートと呼ぶ。このコンサートは、彼らと「くるる合唱団」がプロの音楽家や声楽家と交渉して、シニア世代がいきいきと生きていくためのコミュニティ形成を社会に訴えるために企画したものである。準備の過程では、ホールとの交渉から舞台装置や背景道具の作成、パンフレットのデザインと印刷、チケットの印刷と販売など、すべての仕事を彼ら自身でこなし、最後は、四〇〇名収容のホールを満杯にして、公演が成功裏に行われることとなった。図5－9は二〇〇三年八月に行なわれた「歌と語りによる宮沢賢治の世界」の一場面である。

〈図5–9〉「くるる」コンサートの様子

現在では、「くるる」コンサートは「くるる」セミナーの周年事業として定着し、毎年、くるるサポーターサロンを中心とした受講者たちが、コンサートの企画から運営、そして実施まで、各界の人々の協力を得ながら、そのもてる力を発揮して進めている。たとえば、「くるる」セミナーは、二〇〇四年夏に三周年を迎えたが、三周年記念でも、くるるサポーターサロンが中心となって第二回目の公演活動を行なった。この回は、山田耕筰の生涯と彼らシニア世代の生きてきた軌跡を重ね、プロの声楽家たちに混じって、「くるる合唱団」を中心とした参加者が舞台に上がって、

〈図5‒10〉　愛知万博での公演の一場面

デビューを果たすというものであった。
　そして、二〇〇五年夏には、愛知万博「愛・地球博」のエイジングフォーラムに招かれて、「歌と語りによる宮沢賢治の世界」を公演、それまで閑古鳥が鳴いていたイベント会場を満杯の人で埋め尽くして関係者を驚かせた。続くエイジングフォーラムでも裏方として力を発揮し、「シニア宣言」を高らかに謳いあげた。図5‐10と図5‐11は、その一場面である。
　このシニア・プロジェクトは、すでに八年目に入り、参加者であるシニア世代の人々を中心とした活動へと順調に展開している。これまでの基本講座のセミナー受講者は、延べ約一万二〇〇〇名、継続して発展講座や自主講座に参加し、日常的に活動している人々は約八〇〇名に上る。これは、たとえば、基本講座と発展講座の一回の講座をそれぞれ一イベントと換算すると、一年間で約二〇〇回の基礎講座イベント、約一五〇回の発展講座イベント、そして約一〇〇回の自主講座イベントが催され、参加者人数は延べ

〈図5-11〉　愛知万博・エイジングフォーラムの一場面

数で一万名を超えるという大きな活動をしていることになる。「くるる」セミナーは、今日では社会的な認知度も高まり、すでに特別な告知なくして、口コミで受講者が集まるようになってきており、その影響力も広がりつつある。
この過程で、実働部隊でもある企業のプレゼンスは確実に高まっており、すでに経営的にも、「くるる」を度外視することは不可能となっている。企業の経営のあり方そのものが変わり始めたのである。

四　〈見えない資産〉とオーバーアチーブメント

以上の紹介と考察によって導かれるのは、次のようなシンプルな結論である。つまり、シニア世代は、さまざまな学習や活動をとおして、自分を社会の中に位置づけ、自分の存在を確認し、生きてきた軌跡を他者と認め合い、自分を社会において活かそうとする。そして、そこに新しい自分を発見してわくわくし、それがさらに自分をその活動に深くかかわらせる。それが他者への働きかけとなり、新しいコミュニティをつくりだしていく。この意識と活動の循環が、既述のような意識調査によってとらえられるだけでなく、実践活動においてこそ、よりダイナミックかつ明確にとらえられるということである。尊厳・生きがい・社会貢献をベースとした、社会的なインフラとしての自他の相互承認関係の形成、その過程で現れるわくわくする自分を事後的に感じ取ることで、ますます一生懸命になってしまわざるを得ないというオーバーアチーブメントがこの関係を駆動していく。こういう循環の存在である。

しかし、ここでは、さらに次のことが加えられる必要がある。つまり、シニア世代を中心とする市民が、自分の学習や活動という実践をとおして、確実に意識化しているものがあるということである。それはすなわち、たとえばセミナー事業を大学とともに主催し、彼らに学びと活動、そして前述の循環をつくりだす機会を提供することになった地元企業や自治体の存在と、企業や自治体への謝意を抱く自分の存在である。ここでは、シニア世代の人々を中心とする市民は、この企業や自治体の存在そのものの背後にある、自分にオーバーアチーブメントと事後性の循環を形成させる何ものかと、そしてこの企業や自治体を媒介としてつながっている〈私たち〉または〈仲間〉を感じ取っているといってよい。これこそが、この活動から生まれる自己の尊厳と存在を担保する、彼らの資産として受け止められているのである。

ここにおいて、企業や自治体は、シニア世代の人々や市民によって、その背後にある〈見えない資産〉から逆照射されることで、強い信用をかちえている。その社会的プレゼンスは確実に高まっているのである。そして、この〈見えない資産〉をシニアがとらえることで、次のような動きが出てくることになる。たとえば、既述のシニア・プロジェクトのセミナーでは、パートナー企業の顧客囲い込みだと受け止められないように、企業の宣伝や金融商品の紹介・販売は一切禁じている。それは、これらの営利活動は、このセミナー事業の趣旨とは異なることだと考えられたためである。しかし、シニアが活発に活動するにつれて、ボランティア活動や自主活動の折に、自らパートナー企業に求めて、その企業のロゴの入ったジャンパーやウインドブレーカーを着て出かけたり、企業の担当者に金融セミナーや資産運用セミナーを特別セミナーとして開くように求めるようになったのである。シニア・プロジェクトの活動の背後にパートナー企業を見、その背後に社会をつくりだしていくインフラとしての〈私たち〉を認め、企業を信用しているのである。

今後、パートナー企業が顧客であるシニアのこの信用にこたえる経営をどのように展開していくのか。地域経済のあり方に深くかかわる重い問いが、消費者であるシニアの側から発せられているのである。このとき、シニア世代は単なる消費者ではなく、この企業とともに地域コミュニティを担おうとしている新しい能動的なアクターなのである。そして、この傾向は、とりわけ若い世代のシニアに顕著に見られるものであった。

このような循環はまた、大学の実施する様々なセミナー活動や社会への知的資源の還元活動にも共通した性格であることは、本書の紹介と考察で既に明らかな通りである。そして、この〈見えない資産〉としての〈私たち〉に事後性とオーバーアチーブメントからなる循環を形成させるもの、それこそは知の社会循環を組織し、それを実践することである。

大学はこの知の社会循環を担うことで、大学そのものが新しい社会をつくりだしていく中核的な役割を担い得るのではないだろうか。そのときの鍵は、シニア世代と若い世代の相互承認関係を、大学のもつ知の社会循環活動において、生み出すことであろう。社会を能動的につくりだすことにおいて、互いにその存在を認め合うこと、これこそが新しい社会のインフラストラクチャーとなるのである。

おわりに　新しい社会のために

　これまで、筆者のささやかな取り組みを中心に、シニア世代を基本とした人々の学びについて考察してきた。本書でとらえられたのは、シニア世代の人々や市民の学びが、当事者であるシニア世代の人間関係を豊かにするだけでなく、この社会に生きる人々を結びつけ、社会の人的なインフラストラクチャーとしての機能を果たすことにつながるという知見である。ここで強調したいのは、シニア世代の学びが、自分が楽しみ、熱中することで、後から自分の変化に気づき、わくわくし、もっとのめり込んでいってしまうという、事後性と過剰性を示すことで、自然に自分を社会的・世代的な関係へとひらくことにつながっているということである。学びがどんどん進んでいってしまう自分でもどうしようもない駆動力が、ここには生まれている。そして、その駆動力は、先達や仲間との間で、学ぶ喜びが共有されることで、いっそう強化されていくものでもある。楽しく学ぶことこそが、私たちを社会にきちんと位置づけ、また社会を人々が互いに結びつく「おたがいさま」の関係へとつくりあげていく。この意味で、シニア世代の学びは、彼らだけのものではなく、社会全体に広がっていくべきものなのである。学びとは、個人が行なうものであるのに、決して個人だけのものなのではなく、社会をつくりだすことへとつながらざるを得ないものとしてあるといってよい。

先行き不安が社会を覆い、人々は自分の生活を守るために汲々とし、孤立化の度合いを深めている。自分のことを考えるのに精一杯で、他人のことなど気にしてはいられないといわんばかりの状況が、社会的につくられていく。こうして、人々が自分のことだけにとらわれて、お互いに無関心となり、人間関係が分断されていくことの中に、新しい「貧困」が浮かび上がってきている。限界集落ならぬ限界団地で孤独に亡くなっていく高齢者たち、非正規雇用の急増と派遣切りなど生活不安におびえる本来であれば働き盛りの人々、そして今やＯＥＣＤ諸国の中でも厳しい貧困状態を示している子どもたちの生育環境など、今の日本には、私たちがこの社会を豊かだと勘違いしているのではないかと思えるほどの「貧困」が広がっているのが現実である。

これらの「貧困」は、表面的には経済的な貧困に見える。しかし、実際には、人間関係から疎外され、排除されることによる孤立化が招いたものという性質を強くもっている。ニートやフリーターの生活についての研究からは、彼らが厳しい労働条件の下でも、彼らに社会の仕組みを教え、支えることのできる第三者との人間関係があることで、きちんとした生活を立てていけるようになるとの指摘がある。子どもの貧困にしても、彼らを取り巻く保護者を中心としたおとなたちが、相互に支え合う関係をもつことで、その生活環境は劇的に改善されることがわかっている。そして、当然、高齢者もひとたび自分が社会や世代間の関係にひらかれれば、目を見張らんばかりの変化を見せてくれる。

社会学や経済学で「社会関係資本」と呼ばれる人と人との信頼関係は、人々がきちんとした経済生活を立てていく上でも、基本となるものなのである。自分の尊厳を感じることができ、人から尊重され、社会にきちんと位置づいている自分を意識することができる時、人はこの社会の中に足がかりをつかみ、その生を十全に実現していくことができるようになる。評論家の福田恆存はこういっている。「私たちが真に求めているものは自由ではない。私たちが欲するのは、事が起るべくして起っているということだ。そして、そのなかに登場して一定の役割をつとめ、なさねばならぬことをしているという実感だ」「私たちは、自己がそこに在ることの実感がほしいのだ。その自己の実在感は、自分が居るべきところに居るときに、はじめて得られる」（『人間・この劇的なるもの』、新潮文庫）。この基礎に、人と人との相互承認関係がある。人はその承認関係の中で、きちんと役割を果たすことで、自由つまり自分の存在を十全に開花することができるようになる。

本書は、このような相互承認関係にもとづく自由への取り組みを紹介し、来るべき超高齢社会のあり方を考えようとしたものである。東京大学では二〇〇九年四月より高齢社会総合研究機構が立ち上がり、高齢社会の抱える諸課題を学際的に研究し、その成果を社会に還元する試みが開始された。その基本は、Aging in Placeつまり自分が住む地元で生を全うできること、そういう社会をつくりだすことにある。そこでは、本書で紹介したような人々の相互承認関係をつくりだす地道な実践も、重要な研究対象となる。

本書で紹介したのは、筆者が名古屋大学に在職していた時に行なった試みである。今後、できれば、さらに発展させた試みを展開し、新しい社会のあり方を探求していきたいと考えている。本書を手にとってくださった方々の中で、新たな試みに手を挙げてくださる方がいらっしゃるなら、また本書がシニア世代の方々の生き方に、さらにすでに社会でさまざまな実践をされている方々の、何かの参考になるのであれば、望外の喜びである。

試みの場を提供してくださった名古屋大学の同僚の皆さん、パートナー企業の関係者の皆さん、自治体関係者の皆さんにお礼を申し上げたい。また、学びの場で、いきいきと生活を謳歌している参加者の皆さんの存在なしには、本書のもとになる原稿は書かれ得なかった。この皆さんのうれしそうな姿に、学ぶことの原点を見る思いをしたことが、本書の基礎となっている。お礼を申し上げる。ありがとうございました。

最後になったが、勁草書房の藤尾やしおさんには、前著に引き続き、お世話になった。丁寧に原稿に目を通してくださり、的確なアドバイスをいただいた。お礼を申し上げたい。ありがとうございました。

牧野　篤

二〇〇九年八月

初出一覧

本書のもとになった原稿の初出は以下の通りである。なお、本書に収録するにあたり、大幅な加筆修正を施していることをお断りしておく。

はじめに　「授業ゼミで人生と社会を考える」名古屋大学教育学部社会・生涯教育学研究室『授業ゼミで人生と社会を学ぶことは可能か——2003年度社会教育学演習Ⅰ・Ⅱの記録』、2004年

第一章　「感謝から好奇心そして自己の尊厳へ——アンケート調査に見る高齢者の価値観と生き方」、名古屋大学大学院教育発達科学研究科附属生涯学習・キャリア教育研究センター『生涯学習・キャリア教育研究』第4号、2008年

第二章　「高齢者教育の課題と老人大学のあり方に関する一考察——福祉と教育のはざまで」、名古屋大学大学院教育発達科学研究科附属生涯学習・キャリア教育研究センター『生涯学習・キャリア教育研究』第3号、2007年

第三章　「人生を全うすることへの希求——高年者のキャリアを考える」、キャリア教育の推進とカリキュラム開発研究プロジェクト『キャリア教育の推進とカリキュラム構築に関する最終報告書』、名古屋大学、2006年

第四章　「おとなが大学で学ぶということ——知の社会循環をつくり出す（名古屋大学大学院教育発達科学研究科「知の社会還元」の試み）」、名古屋大学大学院教育発達科学研究科附属生涯学習・キャリア教育研究センター『モノグラフ・調査研究報告書』No.6、2008年

第五章　書き下ろし

おわりに　書き下ろし

著者略歴

1960年　愛知県に生まれる
1983年　名古屋大学教育学部卒業
1988年　名古屋大学大学院教育学研究科博士後期課程修了
博士（教育学）
名古屋大学大学院助教授・教授を経て
現　在　東京大学大学院教育学研究科教授
主な著書　『民は衣食足りて——アジアの成長センター・中国の人づくりと教育』（総合行政出版，1995）
『〈わたし〉の再構築と社会・生涯教育——グローバル化・少子高齢社会そして大学』（大学教育出版，2005）
『中国変動社会の教育——流動化する個人と市場主義への対応』（勁草書房，2006）

シニア世代の学びと社会　大学がしかける知の循環

2009年9月30日　第1版第1刷発行

著　者　牧《まき》　野《の》　　篤《あつし》

発行者　井　村　寿　人

発行所　株式会社　勁《けい》　草《そう》　書　房

112-0005 東京都文京区水道2-1-1 振替 00150-2-175253
（編集）電話 03-3815-5277／FAX 03-3814-6968
（営業）電話 03-3814-6861／FAX 03-3814-6854
平文社・青木製本

ISBN978-4-326-29894-5　　Printed in Japan

http://www.keisoshobo.co.jp

牧野　篤	中国変動社会の教育　流動化する個人と市場主義への対応	A5判	三一五〇円
安彦忠彦編	新版カリキュラム研究入門	四六判	二七三〇円
グループ・ディダクティカ編	学びのためのカリキュラム論	四六判	二七三〇円
グループ・ディダクティカ編	学びのための教師論	四六判	二七三〇円
宮寺晃夫	リベラリズムの教育哲学	四六判	三四六五円
宮寺晃夫	教育の分配論　公正な能力開発とは何か	A5判	二九四〇円
清田夏代	現代イギリスの教育行政改革	A5判	三八八五円
田中統治・根津朋実編著	カリキュラム評価入門	四六判	二七三〇円
小山静子	戦後教育のジェンダー秩序	四六判	三一五〇円
久冨善之編著	教師の専門性とアイデンティティ　教育改革時代の国際比較調査と国際シンポジウムから	A5判	三九九〇円

＊表示価格は二〇〇九年九月現在。消費税は含まれております。